KB174474

라이더가
출발했습니다

사탐 | 06

라이더가 출발했습니다
우리가 만든 어떤 편한 세상에 대하여

1판 1쇄. 2021년 9월 6일
1판 2쇄. 2023년 8월 15일
지은이. 강혜인·허환주

펴낸이. 안중철·정민용
책임편집. 이진실
편집. 최미정, 윤상훈

펴낸 곳. 후마니타스(주)
등록. 2002년 2월 19일 제2002-000481호
주소. 서울 마포구 신촌로14안길 17, 2층(04057)

편집. 02-739-9929, 9930
제작. 02-722-9960
팩스. 0505-333-9960
블로그. https://blog.naver.com/humabook
페이스북·인스타그램/Humanitasbook

인쇄. 천일인쇄 031-955-8083
제본. 일진제책 031-908-1407

값 13,000원
ISBN 978-89-6437-382-8 04300
        978-89-6437-201-2 (세트)

라이더가 출발했습니다

우리가 만든 어떤 편한 세상에 대하여

강혜인·허환주 지음

권력을 가진 자는 누구이고,

왜 그것을 가지고 있는 것일까?

만약 우리가 인공지능에게 무엇이든 중대한 책임을 지울 작정이라면,

그 인공지능은 이런 의문에 대한 적절한 해답을 알고 있어야 한다.

테드 창, 「소프트웨어 객체의 생애 주기」 창작노트

차례

일러두기

▎ 이 책은 2019년 9월 24일~10월 4일까지 연재된 <프레시안>과 <뉴스타파>의 공동 기획 「배달 죽음」과 2020년 10월 26일~11월 13일까지 <프레시안>에 연재된 「배달 '혁신'의 민낯」을 기반으로 했다.

▎ 본문에 언급된 인터뷰이들 가운데 가명을 사용했을 경우 가명임을 처음 나온 곳에 병기했으며, 인터뷰 당시를 기준으로 한 나이를 필요할 경우 같이 병기했다.

▎ 인용문 안의 소괄호는 지은이의 첨언이다.

▎ 책이나 종이 신문 등은 겹낫표(『 』), 논문은 홑낫표(「 」), 연극이나 영화, 노래 등의 작품명과 인터넷 언론사는 홑가랑이표(< >)를 사용했다.

강혜인

나와 〈프레시안〉의 허환주 기자는 2018년 10월에 처음 만났다. 당시 내가 속한 〈뉴스타파〉와 〈프레시안〉, 〈셜록〉 3사는 공동으로 '웹하드의 황제'로 불렸던 양진호 위디스크 회장 사건을 취재하던 중이었다. 그 뒤로 나는 허 기자와 친해져 종종 서로의 취재거리들을 이야기하며 저녁을 먹곤 했다. 허 기자가 오랫동안 노동 문제에 골몰해 왔고 관련해서 책을 두 권이나 냈다는 건 나중에야 알았다.

양진호 회장 취재가 끝나고 난 뒤 내 고민은 어떻게 하면 청년층의 산재 사고를 잘 다룰 수 있을까 하는 것이었다. 2018년 고 김용균 씨의 산재 사고를 계기로 생긴 고민이었다. 오랜만에 만난 자리에서 나는 허 기자에게 이런 고민을 털어놓으며 조언을 구했다. 같은 시기 허 기자는 전수경 노동건강연대 활동가로부터 청년층의 산재 사고가 그해에 상당히 늘어났다는 이야기를 들었다고 했다.

그때 우리는 다시 한 번 경쟁이 아닌 협업을 택했다. 사실 언론계의 생태에 익숙해진 기자들에게 협업이란 쉬운 결정이 아니다. 누가 단독을 하면 내가 '물을 먹는' 것이고, 내가 단독을 하면 다른 사람을

'물 먹이게' 되는 게 언론계다. 그러나 우리는 경쟁 대신 공동 취재를 선택했고, 두 매체의 이런 선택은 2019년 9월의 기획 보도로, 또 이 책의 탄생으로 이어졌다.

'배달'이라는 키워드를 꺼낸 사람은 허 기자였다. 사실 나는 처음엔 썩 와닿지 않았다. 배달이 노동인가? 건설업·제조업이 더 위험한 거 아닌가? 초보 운전자로서 갑자기 끼어드는 오토바이 때문에 깜짝 놀란 적이 한두 번이 아니었고, 할인 쿠폰을 준다기에 스마트폰에 내려받은 배달앱이 두어 개 있었지만 그 오토바이를 타는 사람들이 노동자라는 생각은 못 하고 있었다. 한 초보 라이더는 자신이 소속된 배달 대행업체에서 상사가 일을 시작하자마자 '신호를 위반하는 법'을 알려 줬다고 했다. 위험하게 일하고 싶진 않았지만 상사는 이게 일하는 노하우라고 했다. 동료 라이더에게 배달일이 원래 이런 거냐고 묻자 "신호를 위반하지 않으면 벌이가 안 된다"는 답이 돌아왔다. 이렇게 태생적으로 위험한 일이 있을까. 2019년부터 배달 노동의 현실을 취재한 우리는 이 책에서 각종 플랫폼으로까지 이야기를 확장했다.

플랫폼 기업은 점점 몸집을 불려 가고 있다. 집안 청소부터 반려견 돌봄 서비스, 셔츠 구독 서비스, 심부름 대행 서비스 등 이제 플랫폼에는 별별 서비스가 다 생겼다. '셔츠 구독 서비스'는 매일매일 셔츠를 다려 입기 바쁜 직장인들을 위해 월정액을 내면 한 주에 두세 벌 정도 빳빳하게 다려진 셔츠를 현관문 앞에 배달해 주는 일이다. 입고 난 셔츠도 세탁할 필요 없이 다시 '회수 주머니'에 넣어 놓으면 가져가 세탁해 준다. 스마트폰 화면만 몇 번 터치하면 가사 도우미가 집까지 찾아와 구석구석 청소해 주고, 출출한데 밖에 나가기 귀찮을 땐 커피 한 잔부터 아이스크림 하나에 이르기까지 아무리 작은 것도 배달해 먹을 수 있다. 언제부터 궂은일을 남에게 시키는 게 당연해진 걸까. 그것도 단돈 몇 천 원에 말이다. 이런 구조에 가려 보이지 않는 건 결국 사람이다.

플랫폼 기업이 성장하는 모습을 보면, 마치 '거인'이 무슨 심부름이든 해주겠다며 달려드는 것 같았다. 그 거인의 발바닥엔 개미처럼 조그만 수만 명의 노동자가 매달려 경중경중 거인의 발걸음을 돕는다. 요기요를 소유하고 있던, 독일의 딜리버리히어로가 배달의민족까지 인수하려 하자 공정거래위원회는 소비자의 권익을 침해할 우려가 있다며 요기요를 매각하는 조건으로 배달의민족을 인수해야 한다고 했다. 우리는 이 거대해진 '거인'이 말하지 않는 것을 이 책에 담으려 했다.

허 기자는 사실 2021년까지도 '017'로 시작하는 핸드폰 번호를 쓰는 사람이었다. 그의 나이는 40대였다. 우리 할머니의 폴더 핸드폰도 화면 터치가 되는데, 허 기자의 핸드폰은 터치도 안 되는 2G 폰이었다. 〈뉴스타파〉는 영상을 기본으로 하는 매체라 취재원을 인터뷰할 때 음성 녹음이 중요한데, 한번은 허 기자에게 취재원과의 통화를 녹취해 달라고 하니 "핸드폰 녹음 기능이 30초까지밖에 안 된다"고 했다. 오 마이 갓! 하지만 나 역시 발 빠르게 최첨단 기술들을 흡수하는 요즘(?) 20대는 아니었다. 어쩌면 이 책은 '슈퍼 아날로그' 기자와 '세미 아날로그' 기자가 짧은 다리로, 기술 혁신의 아이콘 플랫폼 거인의 행보를 뒤쫓는 일이 얼마나 버거웠는지를 보여 주는 기록일 수도 있다.

그럼에도 불구하고 독자들에게 이 책이 새로운 시각을 던져 줄수 있으면 좋겠다. 우리 모두 '3000원의 편리함'에 가려진 이면을 볼수 있길 바란다. 1, 2장은 강혜인 기자가 주로 썼고 3, 4, 5장은 허환주 기자가 주로 썼지만 모든 장이 우리가 서로에게 기댄 결과다.

1

밀어서

배달 수락

청년들이 더 많이 죽었다. 배달 시장과 플랫폼 노동에 대한 우리의 질문은 거기서 시작됐다.

매년 5월, 고용노동부는 전년도 기준 「산업재해 발생 현황」을 발표한다. 한 해 몇 명이 일하다 죽었는지, 사망자들의 업종과 사고 유형, 연령층 등을 정리한 보고서다. 2018년 12월, 스물넷 김용균 씨가 태안 화력발전소에서 일하다 사망하는 사고가 있은 후 우리는 산업재해 현황 전반을 검토해 보기로 했다. 2018년 한 해 동안의 기록을 찬찬히 살피다 보니 눈에 띈 것은 청년층이었다. 이에 따르면 2018년 18~24세 연령층에서 총 30명이 (질병이 아닌 사고로) 일하다 사망했다. 전년도인 2017년보다 17명이나 늘어난 수치였다.

하지만 보고서에는 연령대별로 사망 원인이 정리된 자료는 없었다. 이 청년층이 어떤 업종에 종사하다 어떻게 죽은 것인지 좀 더 구체적인 자료가 필요했다. 우리는 고용노동부에 최근 3년간(2016~18년) 18~24세 노동자의 산재 사망 사고 개요에 대한 정보 공개를 청구했다.

며칠 뒤 도착한 자료에는 우리가 알고 있던 산업재해 상식과는 전혀 다른 내용이 담겨 있었다. 일반적으로 노동자 사망 사고 등의 중대 산업재해는 건설업과 제조업 부분이 다수를 차지한다. 통상 이 두 업종만 합쳐도 전체 사망 산재의 절반 이상을 차지한다. 실제로 고용노동부의 보고서에 따르면 2018년 한 해 동안 사망한 노동자 971명 가운데 건설업 분야 사망자는 485명(49.9퍼센트)으로 절반에 달했고, 제조업(217명)과 기타 사업(154명)이 그 뒤를 이었다.

하지만 18~24세 청년들의 산재 사망은 이와는 전혀 다른 패턴을 나타내고 있었다. 2018년 한 해 사망한 30명 중, 건설업(3명)과 제조업(8명) 종사자를 합친 숫자보다 '기타 사업 분야'에서 더 많은 수(15명)가 사망한 것이다. 5인 미만 사업장에서 일하다 사망한 숫자도 압도적이었다. 2016년부터 2018년까지 모든 자료에서 18~24세 사망자 1위 사업장은 '5인 미만 사업장'으로, 2016년에는 21명 중 10명, 2017년에는 13명 중 4명, 2018년에는 30명 중 13명이 5인 미만의 영세 사업장에서 일하다 사망했다. 이 역시 전체 연령대에서 산재 사망자 1위 사업장이 '5인 이상 49인 미만'(2018년 기준 423명, 43.6퍼센트)인 것과는 다른 통계였다.

사망 발생 형태 역시 다른 연령층과는 이질적인 수치를 보였다. 건설업과 제조업에서 일어나는 산재는 대부분 추락사나 압사다. 산재 통계에서는 이를 '떨어짐', '끼임' 등으로 분류한다. 그러나 18~24세에서는 '끼임'(5명)과 '떨어짐'(7명)보다 '사업장 외 교통사고'(12명)로 죽은 이들이 더 많았다. 이런 흐름은 2016년과 2017년 자료에서도 마찬가지였다.

궁금증이 증폭됐다. 이들 죽음에는 기존의 산업재해 공식과는 다른 패턴이 숨어 있었다. 우리는 또다시 고용노동부에 정보공개를 청구했다. '사업장 외 교통사고'에 대한 사건 개요가 필요했다. 그 결과 2016년부터 2019년 상반기까지 '사업장 외 교통사고'로 사망한 33명의 사망자 중 2명을 제외한 31명이 모두 오토바이 배달을 하다가 사망했음을 알게 됐다. 피자·치킨·족발을 배달하다 트럭·가로수·버스에 치여 사망한 것이다. 연도별로 보면 2016년에는 총 21명의 청년이 산재로 사망했는데, 이 가운데 10명이 오토바이 배달 중 사망했다. 2017년에는 13명 중 4명, 2018년에는 30명 중 12명이었다. 2019년 상반기에도 8명 중 6명이 오토바이 배달 중 사망한 것으로 드러났다.

카페에서 자료에 고개를 파묻고 한참을 앉아 있다 가방을 챙겨 밖으로 나왔다. 횡단보도에서 신호를 기다리는데 정지선 맨 앞에서 열을 지어 대기 중인 오토바이들이 그제야 눈에 들어왔다. 각자 배달통을 하나씩 뒤에 달고, 핸드폰과 신호등을 번갈아 들여다보던 그들은 신호가 떨어지기 무섭게 액셀을 밟으며 사라졌다. 그러고 보니 신문물에 항상 거북이 신세인 내 스마트폰에도 배달의민족 앱이 깔려 있었다.

한여름의 질주

2019년 9월, 〈프레시안〉의 허환주 기자와 나, 그리고 영상을 찍어 줄 〈뉴스타파〉의 최형석 기자, 이렇게 셋이 오후 1시쯤 부평의 한 배달 대행업체에서 만났다. 배달 노동자들의 노동 여건을 알아보는 데 관계자 인터뷰만으로는 한계가 있다고 판단한 우리는 배달 라이더가 일하는 모습을 있는 그대로 담기 위해 동행 취재를 해보기로 했다.

우선 우리는 경력 10년차의 베테랑 라이더 둘을 섭외했다. 취재와 촬영을 동시에 해야 했기 때문에 라이더 한 명은 평소처럼 일하고, 다른 라이더 한 명이 영상 취재 기자를 태우고 그 뒤를 쫓아 뒤에서 촬영이 가능하도록 계획했다. 나와 허환주 기자는 오토바이 한 대를 따로 빌려 앞서갈 두 라이더를 쫓아가기로 했다. 나는 여분으로 '주먹캠'이라고 불리는 작은 카메라를 손에 들고 뒷좌석에 탔다. 혹시나 우리가 탄 오토바이가 배달 오토바이를 놓칠 경우를 대비해 스마트폰 내비게이션도 켜두었다.

이날 배달을 담당하기로 한 라이더 이용수 씨(37, 가명)는 헤드셋이 달린 헬멧을 쓰고 목에는 흐르는 땀을 막아 줄 스카프를 두르고 있었다. 오토바이 앞쪽 거치대에는 스마트폰이, 뒤쪽에는 커다란 검은 트렁크가 장착돼 있었는데, 이를 라이더들은 '배달통'이라고 불렀다.

"저희 생각 마시고, 평소 하던 대로 해주세요."

라이더 이용수 씨에게 나는 거듭 당부했다. 최대한 현실 그대로를 담고 싶었다.

"시작할게요."

용수 씨가 배달앱을 켜자 대기 중인 리스트가 떴다. 버거킹이나 떡볶이집 등 식당 이름과 함께 "접수 후 경과"라는 항목이 식당에서 배달 요청이 들어온 시점으로부터 몇 분이 지났는지를 알려 주고 있었다.

'4100원' 등으로 해당 건의 배달료가 얼마인지도 나왔다. 여기에서 마음에 드는 건을 누르면 배달이 배정되는 것이다. 물론 다들 좋다고 생각하는 조건은 비슷하기 때문에 좋은 콜을 잡기 위한 경쟁도 치열하다. 선택이 조금만 늦어도 좋은 콜은 금방 화면에서 사라져 버린다.

"갈게요."

용수 씨는 베테랑 라이더답게 금방 콜을 잡고는 달려 나갔다. 곧이어 촬영 오토바이를 운전하는 다른 라이더도 능숙하게 뒤따랐다. 나를 뒤에 태운 허 기자는 잔뜩 긴장한 채 액셀을 밟았다. 첫 주문은 패스트푸드 전문점에서 햄버거 세트를 받아 아파트에 배달하는 일이었다.

허 기자와 내가 탄 오토바이는 시작부터 버벅거렸다. 라이더는 신호를 가볍게 무시하고 달려가는데, 우리는 빨간불에 걸려 버린 것이다. 4차선으로 이루어진 사거리 교차로에서 빨간불에도 멈추지 않고 달려가는 두 대의 오토바이를 보고 있자니 정신이 아득해졌다.

'아, 오늘의 목표는 아무도 다치지 않는 것이다.'

머릿속에서 오늘의 목표를 수정했다. 쌩하고 달려 나간 용수 씨와 촬영 오토바이는 도심 한복판 4.5킬로미터 거리를 14분 만에 주파했다. 신호는 가급적(?) 무시했고, 도로와 인도의 연석 사이나 차와 차 사이의 비좁은 틈을 귀신 같이 비집고 빠져나갔다. 그 재간을 우리가 따라 할 순 없는 노릇이고, 첫 배달을 시작으로 그날 하루가 끝날 때까지 우리는 거의 오토바이 두 대의 뒤꽁무니만 간신히 밟고 다녔다.

취재를 위한 연출 같은 건 없었다. 용수 씨는 평소 하던 대로 해 달라는 우리의 부탁을 잘 지켜 주었다. 그나마 연출이라고 한다면, 보통 여러 개의 주문을 한 번에 잡아 쉬지 않고 바로 다음 배달을 가던 것과는 달리, 불쌍한 두 기자가 탄 오토바이를 도착지에서 기다려 줬다는 것이다. 용수 씨는 그날 오후 2시부터 11시까지 콜이 들어오는 한 쉼 없이 달렸다. 다른 라이더보다 빨라야 더 좋은 주문을 따낼 수 있었고, 주문을 잡고 나면 앞만 보고 질주했다. 음식을 받아 배달통에 넣으면서도 수시로 스마트폰을 들여다보며 동선상 효율적인 콜을 체크하고, 적절한 콜을 따내고, 또 음식을 받아 배달통에 넣고, "맛있게 드세요!"라는 말과 함께 잽싸게 소비자에게 음식을 건넨 후, 또다시 폰을 들여다보는 일의 반복이었다.

책상 앞에서 자판만 두드려 대던 기자들이 배달 오토바이를 따라가겠다는 발상부터가 무모했던 걸까. 용수 씨를 쫓아가던 우리는 두어 차례 간신히 사고 위기를 모면했다. 한번은 왼쪽 차선에 있던 차량이 경고등도 켜지 않고 우리가 있던 차선으로 끼어들어 급하게 브레이크를 밟았다. 또 정차한 버스와 인도 사이를 지나가다가 갑자기 무단 횡단을 하려고 도로로 발을 내딛은 행인과 부딪힐 뻔도 했다. 하루 종일 운전대를 잡았던 허 기자는 "까딱하다 죽겠구나 하는 공포감"마저 느껴졌다고 했다. 라이더들은 말 그대로 '목숨을 걸고' 달리는 것 같았다. 왜 이렇게 질주하는 걸까?

음식이 식으니까요. 식기 전에 갖다드리려면 아무래도 속력을 낼 수밖에 없어요. 빨리 갖다드리지 않으면 주문하신 분들이 왜 이렇게 늦게 오냐고 클레임을 걸거든요. 음식점은 또 음식점대로 왜 빨리 안 갖다주냐면

이용수 씨의 스마트폰 화면에는 "○○까지 최소 15분"이라는 글씨가 배달 내내 경고등처럼 떠있었다.

서 우리한테 뭐라고 해요. 그러니 속도를 낼 수밖에요.

사람들이 배달 오토바이가 워낙 신호도 안 지키고 빨리 달린다고 싫어하잖아요. 우리라고 위험하게 타고 싶겠어요? 다 안전하게 타고 싶어해요. 근데 신호 다 지키면서 규정 속도 유지하면 늦을 수밖에 없어요. 아무리 짧은 거리라도 도심 내에서 그렇게 하면 15분 이상 걸려요. 그러면 고객은 고객대로 성을 내고, 음식점은 음식점대로 화를 내니 어쩌겠어요.

실제 용수 씨의 스마트폰 화면에는 "최소 15분"이라는 글씨가 배달 내내 경고등처럼 떠있었다. 음식을 픽업한 뒤 배달까지 15분 이내로 마쳐야 한다는 뜻이다.

용수 씨 역시 그동안 몇 차례 사고를 겪었다. 한번은 버스와 정류장 사이를 지나가던 중 하차하는 승객을 피하려다 넘어져 코뼈가 부러졌다. 또 한번은 차량과 충돌하면서 갈비뼈와 어깨뼈를 다쳐 전치 10주 진단을 받은 적도 있다. 눈이 내리던 날 도로로 갑자기 튀어나온 학생을 피한다고 급브레이크를 밟으면서 10미터 넘게 미끄러진 적도 있었다. 동행 취재를 한 날만 해도 우리는 그가 아파트 단지 내에서 자전거를 타던 사람과 부딪힐 뻔한 장면을 목격할 수 있었다.

하지만 매일 같이 찾아오는 크고 작은 사고의 위험들이 용수 씨에겐 특별할 것 없는 일상이었다. 배달일을 전에는 퀵서비스 일을 했던 그는 하루 많게는 80건, 평균적으로는 40~50건의 배달을 소화했다. 차가 잘 다니지 않는 지하 도로에서는 시속 113킬로미터까지도 달린다. 그렇게 하지 않으면 하루 40~50건은 불가능했다. 그러면서도 좋은 콜을 잡기 위해선 운전 중에도 스마트폰 화면을 주시해야 한다.

한번은 음식을 조금 늦게 갖다준 적이 있어요. 보통 소비자들이 보는 배달앱에 "배달까지 ○○분 남았습니다" 이런 게 다 뜨잖아요. 그 시간 내에 배달이 안 오니 손님이 주문을 취소한 거예요. 우리가 늦는 이유 중 90퍼센트는 음식점에서 조리가 지연되기 때문이에요. 그날도 그래서 늦은 건데 취소해 버린 거죠. 그런데 그 음식점도 바빠서 제게 취소됐다는 연락을 안 한 거예요. 저는 그 사실을 모르고 배달을 하러 갔죠. 그때가 밤 12시가 다 됐을 때였어요. 문 앞에서 배달 왔다고 하니, 취소했는데 왜 오밤중에 와서 시끄럽게 하냐고 욕을 한바탕 늘어놓더라고요.

그때는 음식점 잘못이었으니 제가 음식값을 물어 주진 않았어요.

그런데 배달하다 보면 음식값을 변상해야 하는 일도 많아요. 피자가 특히 배송이 힘든 음식이거든요. 과속 방지 턱을 조금만 세게 넘어도 토핑이 다 헝클어져요. 심한 경우는 피자가 뒤집혀 버리죠. 잘 모르고 배달하다가 피자값을 물어 준 적이 있어요. 또 한번은 족발 포장지가 압착이 안 돼서 음식물이 많이 샜어요. 그것도 결국 제가 물어 줬죠.

배달 대행업체에서 일하는 이용수 씨가 배달료로 받는 금액은 건당 3000원 안팎. 이날 근무 종료 시간은 밤 11시 11분. 하루 동안 그가 번 돈은 3만1500원이었다. 그날은 배달앱에서 할인 이벤트를 공격적으로 펼친 직후라 평소보다 콜 수가 반토막이 난 상황이라고 용수 씨는 말했다. 중간에 식사 시간 한 시간을 제외하면, 대기 시간까지 용수 씨의 총 근무시간은 아홉 시간이었다.

〰〰〰

대부분의 시간을 도로 위에서 보내는 라이더들에겐 날씨가 곧 노동 환경이다. 일반적으로 덥거나 춥거나 비가 오거나 눈이 오는 등 날씨가 나빠질수록 배달 주문은 늘어나지만 그만큼 위험도도 높아진다.

35도 가까이 오르는 폭염이 찾아오면 라이더들은 꽁꽁 얼린 생수병 서너 개와 물에 적신 팔 토시를 챙긴다. 상가 화장실에서 물을 묻힐 때도 있지만 너무 쨍한 날엔 그마저도 금방 증발해 버리기 때문에 아예 분무기를 들고 다니면서 수시로 물을 뿌린다. 장시간 더위에 노출되다 보면 입맛이 없어 밥을 자주 거르게 되는데 빈속에 찬 음료만 들이붓다 보니 배탈도 자주 난다. 그래서 평소 자주 다니는 동선상의 화장실 위치를 체크해 두는 것도 중요하다. 중간 중간 헬멧 벗기, 아주 심할 땐 '식염 포도당' 먹기, 정차 시 열기를 뿜어내는 버스 뒤에는 절대 서지 말기 등이 라이더끼리 공유하는 팁들이다.

노면을 두 바퀴로 달리는 일의 특성상 비와 눈도 위험 요인이다. 비나 눈이 오는 날엔 오토바이 제동력이 평소보다 훨씬 떨어지기 때문이다. 바닥이 코팅되어 있는 지하 주차장도 그런 점에서 위험하다. 살짝 방향만 틀어도 오토바이가 순간적으로 비틀거리는데, 그래서 지하 주차장이나 눈이 쌓인 노면에서는 아예 두 발을 지면에 닿도록 내려놓고 운전하는 라이더들도 있다. 도로 위 맨홀 역시 만전을 기해야 하는 장애물 중 하나인데, 베테랑 라이더들은 평소 다니는 동선상의 맨홀 위치를 사전에 파악하고 속도를 줄이거나 가능하면 피해 가려 노력한다.

눈이 내린 날의 경우, 사실 상당수 라이더들은 일을 쉰다. 속도를 줄이거나 두 다리를 내리는 방법으로도 눈 쌓인 거리를 달리기엔 역부족이기 때문이다. 그래서 제설 작업이 어느 정도 진행된 다음 날에나 배달을 한다. 하지만 눈이 녹았다고 해서 방심해선 안 된다. 염화칼슘이 뿌려진 아스팔트 거리는 얼핏 보면 눈이 다 녹은 것처럼 보이지만 눈과 염화칼슘이 뒤섞여 매우 미끄러운 상태이기 때문이다. 거기다 녹은 눈이 다시 얼면서 생긴 일명 '블랙 아이스'도 위험하다. 이를 모르고 달리다 미끄러져 다치는 라이더들이 한둘이 아니다.

한겨울엔 찬바람도 라이더를 괴롭게 한다. 하루 종일 야외를 달려야 하는 일의 특성상 찬바람을 온몸으로 맞아야 하기 때문에 방한복과 방한화는 필수다. 또 손으로 잡는 엔진 브레이크에는 열선이 있는 커버를 씌워 다닌다. 그러나 밖에 계속 있다 보면 얼마 못 가 외부 온도와 체온의 차이 때문에 핸들 커버도, 방한화도 다 젖어 버리기 때문에 여분의 커버와 방한화도 챙겨야 한다.

배달앱이 나오기 전에는 이렇게 방한복, 마스크, 핸들 커버만으로도 어느 정도 겨울 장비를 갖춘 셈이었다. 그런데 배달앱의 등장으로 필수 장비 하나가 더 늘었다. 바로 열선 필름이다. 지금은 라이더들에게 그 무엇보다 필수적인 아이템이다. 보통 라이더들은 스마트폰을 핸들 거치대에 부착해 놓고 내비게이션처럼 사용하는데, 주문 콜을 받고 배달 장소를 알려 주는 역할 모두 스마트폰이 하기 때문에 추위에 핸드폰 배터리가 방전되는 일이 생기면 안 된다.

한 라이더는 유튜브 영상에서 자신이 배달일을 처음 시작했던 한겨울의 고충을 전해 주었다. 영하 10도를 오가는 날씨에 시속 60킬로미터 이상으로 달리다 보니 방한복과 마스크로도 버틸 수가 없었던 그는 궁여지책으로 시내버스 바로 뒤에 붙어 가는 방법을 생각해 냈다고 한다. 버스 바로 뒤에 있으면 엔진에서 나오는 열기가 얼은 몸을 조금이나마 녹여 주었기 때문이다. 뿜어져 나오는 배기가스가 얼마나 몸에 해로운지를 따지기엔 추위가 너무도 강렬했던 것이다.

영국 드라마 〈이어즈 앤 이어즈〉Years and Years(2019)에는 재정관리사로 일하던 중년 남성 스티븐이 직장을 잃고 자전거 배달을 하는 상황이 그려진다. 한 가정의 가장이자 장남인 스티븐은 세계 증시가 급락하고 은행이 줄줄이 도산하면서 전 재산을 잃고 새 직업을 찾는 과정에서 배달일을 시작한다. 잠깐 짬이 나 동생들과 대화를 하는 중에도 어김없이 울리는 스티븐의 스마트폰. 스티븐이 일하러 가야 한다며 자리를 뜨자 동생은 이렇게 묻는다. "도대체 형은 직업이 몇 개야?" 스티븐은 "11개"라고 답하며 일터로 향한다.

2019년 라이더 동행 취재 후 1년 만에 우리가 알던 배달 노동은 또 다른 모습이 되어 있었다. 1년 전만 해도 배달 플랫폼은 주로 주문 중개 플랫폼(배달의민족, 요기요 등)과 배달 대행 플랫폼(생각대로, 부릉, 바로고 등)을 매개로 작동했다. 소비자가 배달의민족(줄여서 '배민')이나 요기요 등 주문 중개 플랫폼을 통해 음식을 주문하면, 실제 배달은 식당과 별도로 계약을 맺은 배달 대행 플랫폼 소속의 라이더가 수행하는 식이었다. 그때만 해도 우리의 주 취재 대상은 이 배달 대행 플랫폼 소속 라이더들이었다.

그러나 1년 새 배달 대행사에 소속되지 않아도 배달 노동을 할 수 있는 환경이 됐다. 배달의민족이나 쿠팡이츠 등에서 라이더에게 직접 일감을 주는, 이른바 '크라우드 소싱' 방식의 노동이 확대됐기 때문이다. 쉽게 말해, 전업으로 배달일을 하지 않아도 개개인이 직접 앱을

26

통해 배달 플랫폼과 일대일 계약을 맺고 초단기간으로 일을 하는 경우가 늘어난 것이다. 이런 크라우드 소싱 방식은 배달 시장의 확대와 맞물려 우리 사회 속으로 빠르게 스며들었다. 이런 경향의 대표 주자는 쿠팡이츠였다. 2019년 5월, 후발 주자로 배달 업계에 뛰어든 쿠팡이츠는 "쉽고 간단한 노동"을 기치로 배달 파트너 모집을 시작해 출시 약 1년 만인 2020년 12월, 배달앱 사용자 수 기준 업계 3위로 올라섰다.[+] 그야말로 공격적인 성장세였는데, 성장 비결을 요약하자면 "아무나 일할 수 있게, 단 한 번에 배달은 한 건만"이었다.

2012년부터 업계 1위를 놓치지 않고 있던 배달의민족(우아한형제들) 역시 2015년 6월부터 배민라이더스를 통해 자체적으로 배달까지 하는 시스템을 마련했다. 하지만 오토바이 배달만 하는 배민라이더스로는 쏟아지는 주문을 제대로 소화하기 어려웠는지 2019년 7월부터 '배민커넥트'라는 이름으로 자동차, 자전거, 도보, 퀵보드 등으로 배달할 수 있는 서비스를 런칭해 일반 라이더를 모집했다.

배민커넥트는 "시간 날 때 한두 시간 가볍게" "1시간만 일해도 된다"며 '부업'이나 '알바'를 찾는 이들을 공략했다. 나 역시 이 광고에 혹했다. 산책하는 김에 배달일을 해서 3000~4000원을 벌 수 있다니 정말 획기적이지 않은가! 수입이 높지는 않을지라도 나름 효율적인 용돈 벌이가 될 것 같았다. 하지만 허 기자는 생각이 달랐다. "독서

[+] 「출시 1년 만에 배달앱 3위 쿠팡이츠, 3대 비결?」, <뉴스웍스> (2020/12/26).

실에서 공부하다 말고 배달 갔다 오라는 게 말이 돼? 그러고 몇 천 원 주는 게 용돈벌이라고?""책상 위에서 엎드려 잘 시간에 잠깐 나가서 운동하고 오면 좋죠!"그렇게 옥신각신하던 우리는 일단 직접 부딪혀 보기로 했다.

라이더가 되다

일단 스마트폰에 앱부터 설치했다. 쿠팡이츠는 "배달 파트너" 모집 광고에서 라이더가 되는 절차는 "2분이면 끝"이라고 홍보하고 있었는데, 실제로 가입 절차는 더할 나위 없이 빠르고 간편했다. 쿠팡이츠와 배민커넥트 모두 앱에서 활동 희망 지역(서울 마포구 등), 배달 수단(자전거, 도보, 오토바이, 자동차 등)을 정하고 기본적인 개인 정보를 입력한 후 온라인으로 산업안전 보건 교육을 2시간 정도 이수하고 나면 바로 일을 시작할 수 있었다.[+]

쿠팡이츠에 파트너로 가입하고 나자 "배달 시작"을 누르지 않은 상태에서도 시시때때로 알림이 울렸다. 주로 쿠팡이츠가 보내는 내용

[+] 배민커넥트의 경우 35분짜리 「배달 및 배송 작업 안전」 영상과 38분짜리 「산업안전보건법의 이해와 변화: 만성 피로와 예방 관리」 영상을 이수해야 한다. 쿠팡이츠는 2시간짜리 「특수형태근로종사자 교육」을 이수해야 한다.

은 "오전 11시부터 오후 1시까지 음식 주문이 많은 시간이니 로그인해서 배달을 시작해 보라" 같은 식의 광고성 알림이었다.

매일 아침 9시마다 뉴스 속보 알림과 쿠팡이츠의 푸쉬 알림이 동시에 울렸다. 온라인으로 전환해서 빨리 일을 하라는 것이었다. 약 두 시간에 한 번씩 로그인을 유도하는 알림이 울리는 것 같았다. 문제가 심각하다고 느꼈던 것은 2020년 8월 초 기록적인 폭우로 한강 수위가 위험 수위까지 올라가고 일부 지역에서는 댐과 제방이 붕괴돼 강이 범람하던 때였다.

"서울 전 지역 15시까지 우천 할증 연장!"

"해당 지역 15시까지 우천 단가표 +3000원 적용!"

내 스마트폰에서는 "[1보] 집중호우로 섬진강 제방 100미터 붕괴 … 대응 2단계 발령" 같은 속보 알림과 "우천 할증 연장!"이라는 광고 알림이 번갈아 가며 울려 댔다. 오프 상태에서도 확인할 수 있는 "지역별 주문 현황"을 보니 서울 어디나 할 것 없이 전 지역이 주문 "매우 많음" 상태였다. 배달 수요가 많을수록 건당 배달료가 올라가는데, 이때 서울 용산구 등 일부 지역은 건당 배달료가 8000원까지 올라갔다.

폭우로 인해 전국적으로 산사태가 일어나고, 사망자와 실종자가 발생하고 있었다. 그 와중에 쿠팡이츠가 라이더에게 실시간으로 보내는 알림은 지금 배달하면 한 번에 8000원까지 벌 수 있으니 당장 뛰어들라는 것이었다. "폭우가 내리니 운행에 조심해 주십시오" 같은 경고성 알림은 찾아볼 수 없었다. 인간의 얼굴을 하지 않은 인공지능AI에게 라이더는 그저 밀려드는 주문을 처리해 줄, 지도 속에나 존재하

내 스마트폰에는 집중 호우 관련 뉴스 알림과 쿠팡이츠의 "우천 할증" 프로모션 광고 알림이 동시에 울려 댔다. 쿠팡이츠 앱의 지역별 주문 현황에 들어가 보니 "매우 많음"이란 글자가 스마트폰 화면을 빨갛게 뒤덮었다.

는 캐릭터 같았다.

> 자동차 배달

2020년 8월 16일, 동네를 속속들이 잘 알아야 배달에 유리하다는 이야기를 듣고 우리는 당시 내가 살던 서울 영등포구에서 첫 배달을 시작했다. 허 기자는 2G 폰을 쓰고 있어 라이더 계정은 내가 만들었는데, 내겐 오토바이는 없고 자동차만 있어 우린 먼저 자동차로 배달해 보기로 했다.

그날은 일요일. 평소 같았으면 이불속에서 TV를 켜고 있을 시간인 오전 9시쯤 허 기자와 만났다.

"주말 아침부터 누가 배달을 시켜 먹을까요?"

"요즘엔 커피나 빵도 다 배달되니까 시키는 사람이 있을 거예요. 좀 기다려 봐요."

나만 해도 음식을 배달시키는 건 주말이나 평일 저녁에 가끔 있는 일이었다. 만나고 보니 '왜 이렇게 일찍 만난 거지?' 하는 생각이 스멀스멀 올라왔다. 일단 배달앱에 로그인을 해놓고 주말 아침의 잠기운을 털어 내기 위해 허 기자는 커피를 사러 갔다. 그런데 갑자기 스마트폰이 요란하게 울려 대기 시작했다. 로그인을 한 지 몇 분도 되지 않아 주문이 들어온 것이다. 화면상에서는 "밀어서 배달 수락"이라는 버튼이 깜박이고 있었다.

'아, 왜 하필 혼자 있는데 주문이 오냐고. 어떡하지?'

잠시 고민하던 찰나, 주문 목록은 금세 사라져 버렸다. 다른 사람이 주문을 가져간 것이다. 단 몇 초의 찰나였다. 이 시간에 주문이 들어온 것에 한 번, 그 찰나에 주문을 놓친 것에 두 번 놀랐다. 그리고 허 기자가 돌아오고 몇 분 지나지 않아 다시 주문이 들어온 것에 또 놀랐다.

"오, 가요 가."

커피를 한 모금 넘기지도 못한 채, 나는 액셀부터 밟았다. 첫 주문은 햄버거 세트였다. 그리고 그 첫 주문을 시작으로 그야말로 쉴 새

없이 주문이 이어져 우리는 몇 시간 동안 다람쥐 쳇바퀴 돌 듯 영등포구를 빙빙 돌았다. 햄버거부터 커피, 브런치 메뉴, 치킨, 떡볶이, 빵, 아이스크림까지 상상할 수 있는 음식은 모두 배달한 것 같았다.

콜을 잡는 일은 어렵지 않았다. 앱에 로그인만 해두면 저절로 주문 목록이 뜨고, 그 가운데 원하는 것을 선택하기만 하면 나머지는 앱이 시키는 대로 하면 된다. "밀어서 배달 수락" 버튼을 누르고 나면 앱은 일단 라이더가 음식을 픽업하러 가야 할 곳을 알려 준다. ○○구 ○○동의 L음식점 지도를 누르면 배달앱과 연동된 내비게이션 앱이 길을 알려 준다. 식당에 도착하면 배달앱 화면에 "픽업 완료" 버튼이 뜨고, 이를 누르면 앱이 다음으로 라이더가 가야 할 곳, 즉 소비자의 위치를 알려 준다. 그리고 음식이 무사히 소비자의 손에 들어가면 "배달 완료" 버튼을 누르면 된다. 그러고 몇 초 뒤, 앱의 알고리즘은 바로 다음 주문을 할당해 준다. 아주 원초적이고 일면 강제적인 노동 방식이었다. 일감을 주는 것은 사람이 아닌 스마트폰으로 일말의 소통도 불가능했다. '알고리즘'이라고 하는 무언가가 끊임없이 일감을 주고 업무를 지시했다. 쉬고 싶은 순간도 있었지만 알고리즘에게 토를 달기는 불가능했다. 일단 콜을 받고 나면 하든, 안 하든, 선택은 그뿐이었다.

일명 '수수료 노동자.' 알고리즘의 명령대로 한 건의 배달을 마치고 나면 노동자는 그 건에 대한 대가를 받는다. 각종 프로모션에 따라 수수료가 증액될 수 있지만, 보통 한 건당 배달 수수료는 3000~4000원이다. 영화 〈극한 직업〉에서 마약반 형사들이 본분을 잊고 어느새 통닭 튀기기에 전념하게 된 것처럼, 우리도 어느 순간 취재라는 본분을 잊고 "손님, 조금만 기다리세요. 음식 갑니다!"를 외쳐 대며 운전대를 잡았다.

그러기를 다섯 시간. 허 기자에게 이제 그만하자고 말할 타이밍만 찾던 찰나, 앱에 프로모션이 떴다. 배달 단가가 7000원까지 올라간다는 것이었다! 콜을 잡은 건 내가 아니라 내 손가락이었다. 영등포구에서 구로구까지 우리는 꽤 먼 길을 달려 배달을 마쳤다.

"얼마 찍혔어요?"

그런데 찍힌 배달료는 7000원이 아닌 4200원이었다. 앱의 거짓말에 낚인 걸까, 전산상의 오류였을까. 따져 묻고 싶었지만 알고리즘을 붙잡고 따질 순 없는 노릇이었다.+ 우리는 기름값이 아깝다고 구시렁대며 영등포구로 돌아왔다.

┌─────────────┐
│ 자전거 배달 │
└─────────────┘

2020년 9월 9일, 최대한 다양한 운송 수단을 골고루 경험해 보기로 한 우리는 이번에는 자전거로 배달을 해보기로 했다. 그날은 소위 '똥

+ 배달앱에 파트너로 가입할 때 대부분은 읽어 보지도 않고 동의하는 "배달파트너 이용 약관"에 따르면, 배달 업무 배정시 제시되는 수수료는 "예상액"일 뿐이며 실제 지급액은 달라질 수 있다.

콜'과의 한바탕 전쟁이었다. 30도를 육박하는 날씨였다. 명지대 앞에서 커피와 츄러스를 픽업해 등에 지고 인근 빌라로 향했다. 가는 길이 내내 오르막길이라 페달을 밟는 허벅지 근육이 터질 듯 아려 왔다. 배달을 마치자마자 다음 콜이 들어왔고, 우리는 볼 것도 없이 바로 수락했다. 그런데 지도를 보니 다시 명지대 앞으로 돌아가 다른 곳으로 배달을 가는 경로였다. 명지대에서 햄버거 세트를 받아 배달지로 가려고 보니 백련산 인근, 끝이 보이지 않는 오르막길이었다. 혼이 나갈 때까지 페달을 밟았다. 햄버거 세트를 고객에게 전달하고 나니 두 다리가 갓 태어난 고라니 새끼처럼 후들거렸다. 나오자마자 보도블록에 주저앉아 다음 콜을 기다렸다. 그렇게 얼마나 지났을까. 아무리 기다려도 폰은 울리지 않았다. 그때는 몰랐다. 배달앱 알고리즘으로는 음식점이 집중된 명지대 근처에서 멀리 떨어진 라이더에게 줄 콜은 없다는 걸 우린 한참 뒤에야 알게 됐다.

다음은 비와의 전쟁이었다. 떡볶이점에서 포장 꾸러미를 들고 나왔는데 소나기가 내리기 시작했다. 일단 지퍼백에 스마트폰을 집어넣고, 페달을 밟기 시작했다. 코로나19 방역 지침에 따라 쓴 마스크 위로 뿜어져 나오는 입김과 안경을 때리는 빗물은 절묘한 조화를 이뤘다. 자전거를 멈추고 안경을 벗고 물기를 닦아 내기를 수차례. 시야가 가리니 빠르게 달릴 엄두가 나지 않았다. 빗물에 길바닥도 미끄러웠다. 조심조심 빗길을 뚫고 물웅덩이를 지나 간신히 고객에게 떡볶이 꾸러미를 건넸다.

그런데 아뿔싸! 경황없이 오느라 제대로 챙기지 못한 떡볶이 국물이 포장 용기를 넘어 줄줄 새고 있었다. 고생은 고생대로 하고, 싫은 소리까지 들어야 하는 상황이었다. 평점이 바닥을 치겠다 싶었다. 우리는 벨을 누른 뒤 문 앞에 살짝 꾸러미를 내려놓고는 건물 밖으로 살며시 빠져나왔다.

비는 그칠 것 같지 않았다. 배달 주문도 끊이지 않았다. 누구라도 외출을 꺼릴 날씨니 당연했다. 아이스크림부터 커피, 햄버거 등 다양한 주문이 물밀 듯 밀려왔다. 그렇게 빗속을 얼마나 달렸을까. 비가 그치면서 폭주하던 콜도 거짓말처럼 멈췄다. 그제야 돌아본 우리의 몰골은 말이 아니었다. 운동화 속 두 발은 젖은 양말 속에서 불어 터져 있었고, 허 기자는 모자에 눌린 젖은 머리카락이 두피와 혼연일체가 되어 있었다. 이왕 버린 몸, 비라도 더 와서 돈이라도 더 벌고 싶었지만 한 번 멈춘 콜은 다시 울리지 않았다.

> 주문형 노동

"우리는 1만 명을 10~15분간 고용할 수 있습니다.
 일이 끝나면 그 1만 명은 증발하죠."
-『공유 경제는 공유하지 않는다』 중에서 어느 플랫폼 CEO의 말

'왜 배달이 안 들어오지?'

금요일 저녁, 우리는 서울 마포구 대흥역 앞에서 만났다. 코로나19의 급격한 확산세로 '사회적 거리 두기 3단계'가 시행되면서 배달 주문이 폭주하고 있다는 기사가 쏟아질 때였다. 우리는 내심 금요일 저녁 특수를 기대했다. 그러나 아무리 스마트폰을 쳐다보고 있어도 주문은 없었다. 나는 앱에서 애꿎은 "지역별 주문 현황"에만 계속 들락거렸다.

주문량이 많다는데 도대체 왜 우리에겐 주문이 떨어지지 않는 걸까. 내가 뭘 잘못한 걸까. 똥콜은 똥콜대로 힘들지만, 주문이 없으니 더 애가 탔다. 그때 처음으로 앱에서 "내 평점" 페이지에 들어가 봤다. 배달 평점은 100퍼센트, 수락률은 55퍼센트, 배달 완료율은 100퍼센트였다. 그런데도 주문이 없다니 대체 무슨 이유일까.

결과적으로 우리는 그날 하루를 공쳤다. 스마트폰을 붙잡고 "야, 주문 내놔!" 소리라도 치고 싶은 심정이었다. 우린 오늘 일을 한 것인가, 쉰 것인가. 주문형 노동의 요체 중 하나는 바로 여기에 있었다.

노동을 하기 위해선 비용과 시간이 든다. 그러나 주문형 노동에서는 그런 조건이 고려될 여지가 없다. 노동에 대한 대가는 건당 수수료로 주어지고, 일을 하기 위해 기다린 시간은 노동시간으로 계산되지 않는다. 알고리즘은 오직 콜을 수행한 시간만 계산한다. 플랫폼 노동자는 배달을 할 때만 노동자다.

당시 일부 언론은 코로나19의 확산세와 더불어 배달 수요가 급증하면서 "라이더 연 수익 1억 원 시대가 본격화된다" 같은 자극적인 제목의 기사들을 요란스레 내보내고 있었다. 쿠팡이츠 소속 한 라이더의

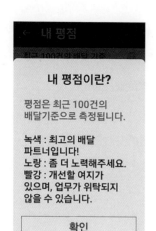

내 평점

최근 100건의 배달 기준

내 평점이란?

평점은 최근 100건의
배달기준으로 측정됩니다.

녹색 : 최고의 배달
파트너입니다!
노랑 : 좀 더 노력해주세요.
빨강 : 개선할 여지가
있으며, 업무가 위탁되지
않을 수 있습니다.

확인

쿠팡이츠 배달 파트너 앱에 들어가면 '내 평점'을 확인할
수 있다. 이는 고객이 평가한 배달 평점과 배달 수락률,
그리고 수락 후 배달을 완료한 비율 등을 기준으로 평가
된다.

일일 급여가 47만1100원인 것을 근거로 주 5일제로 계산하면 연소득
이 1억1200만 원에 달한다는 것이었다.+ 기사에 따르면, 이 라이더는
하루 57건의 배달을 소화했다고 한다. 이게 어떻게 가능한 일일까.

하루에 57건의 배달로 47만 원을 벌려면 배달 한 건당 수수료가
8245원이어야 한다. 보통 배달 한 건당 수수료는 3000원에서 시작한
다. 수수료는 우천시 할증, 거리 할증 등으로 올라갈 수 있는데 그만큼
악조건에서 일했다는 뜻이다. 매번 8000원에 이 라이더가 배달을 했다
치고, 그렇다면 하루에 57건을 배달하는 게 가능할까?

우리가 자동차로 배달을 했을 때 한 건당 걸리는 시간은 20~30
분이었다. 물론 숙련자의 경우 한 번에 여러 건을 배달할 수 있기 때문

+ 「배달 라이더 '억대 연봉' 시대」, <헤럴드경제>(2020/09/01).

에 건당 배달 시간이 줄어들 수 있다. 그러나 숙련자라고 가정해 한 건당 평균 소요 시간을 15분으로 잡아도, 하루에 열네 시간 넘게 일해야 한다는 계산이 나온다. 건당 15분씩 걸리는 배달을 열네 시간 동안 한 번도 쉬지 않고 한다는 게 가능한 일일까. 이런 강도로 주 5일을 지속한다고 가정해 라이더가 연 1억 원을 벌 수 있다고 주장할 수 있을까.

> 주 15시간 이상 알바 했으면 하루는 쉬는 게 법이야. 그것도 돈 받고
> 주휴 수당이라고, 그걸 안 지켜요, 사람들이.
> 지금 당신의 제보를 기다립니다.

대형 구직 웹사이트 알바천국의 광고다. 이 광고가 나온 건 2016년. 네 시간을 일하면 30분을 쉴 수 있다는 근로기준법 조항이나 주휴 수당 등 아르바이트 노동자의 법적 권리를 홍보하기 위한 광고였다. 이제 이 같은 노동자의 권리는 사회적으로 공유되는 지식이 됐다. 그러나 플랫폼 노동자의 역사는 백지부터 시작하고 있었다. '고용되지 않은' 수수료 노동자에겐 오직 주문과 수수료가 있을 뿐 권리나 노동법 따위는 없었다.

배달을 공쳤던 날 새로 알게 된 사실이 하나 더 있다. 그전에 먼저, 쿠팡이츠가 기록적 폭우가 쏟아지던 2020년 8월 초 라이더에게 "우천시 할증" 광고를 지나치게 많이 해 언론의 비판을 받았다는 사실을 알아 두자. 쿠팡이츠가 "우천시 할증" 정책으로 물의를 빚고 난 뒤 (비가 그친 탓도 있겠지만) 쿠팡이츠의 광고성 푸쉬 알림은 실제로 줄어든 것 같았다. 그러나 똑같은 기능이 앱 속에 숨어 있었다. 쿠팡이츠 배달 파트너 앱에 들어가면 "내 평점"을 볼 수 있다. 그런데 앞서 못 보던 카테고리가 하나 더 생겼다. "피크 참여 현황"이라는 것이었다. 이 새로운 서비스가 출시된 건 2020년 8월 25일이었다.

앱에 따르면, "피크 참여 현황"이란, "최근 10일의 피크 데이에 10건 이상 배달을 완료한 현황"을 말한다. 피크 데이에 10건 이상 배달을 완료하면 주문 배정 확률이 올라가는 것이다. "피크 데이"는 "배달이 많을 것으로 예상되는 날", 즉 사람들이 음식을 나가서 먹지 않고 시켜 먹고자 하는 날을 말한다. 당연히 악천후 등이 포함될 가능성이 높다. 그러니 표현 방식이 좀 더 세련화됐을 뿐 결국 악천후에 라이더들을 재촉하는 건 전이나 지금이나 다를 바 없는 것이다.

"피크 참여 현황" 외에, "내 평점"란은 고객이 평가한 배달 평점, 배달 요청 수락률, 배달 완료율 등으로 구성돼 있다. 배달 콜이 떴을 때 얼마나 수락했는지가 수락률을 나타내는 지표가 된다. 배달 완료율은 콜을 받고 나서 실제 배달을 완료한 비율을 나타낸다. 콜을 받지 않을 경우에는 배달 요청 수락률이 떨어지고, 콜을 수락해 놓고 중도에 이를 거절하면 배달 완료율이 떨어지는 식이다. 이런 지표들은 배달 라이더에게 어떤 영향을 미칠까? 배달원이 쿠팡이츠와 맺는 배달 업무 위탁계약 가운데 배송 사업자 이용 약관 제8조 "배송 사업자에 대한 평가"를 보자.

1. 물품 수령인은 쿠팡이츠 사이트 등에 배송 사업자의 배송 서비스를 평가할 수 있습니다.
2. 배송 사업자에 대한 배송 서비스 평가 결과가 회사가 정한 기준에 미달하는 경우 회사는 배송 사업자의 배송 프로그램(앱) 접속 권한을 상실, 제한할 수 있습니다.

"배송 서비스 평가 결과가 회사가 정한 기준에 미달하는 경우" 사실상 '해고'가 된다는 말이나 다름없다(라이더들은 이를 '징역' 간다고 표현한다). 회사가 정한 기준이 무엇인지는 알 수 없다. 오직 라이더는 배달이 늦어지거나 배달 수락률이 낮아질수록, 일을 못 하게 될지도 모른다는 대략적인 조건만 알 뿐이다. 몇 차례 배달을 거부하면 몇 점이 감점되고, 그렇게 몇 점이 모여야 계약이 해지되는지 등은 전혀 알 수 없다. 평가가 어떤 기준과 방식으로 이루어지는지 모르는 배달원 입장에서는 배달 수락에서부터, 배달 시간, 손님 응대까지 모든 걸 신경 써야 한다. 내 위치와 내 점수가 어디쯤인지, 그리고 언제 해고되는지 알 길이 없으니 알아서 넙죽 엎드리는 수밖에 없다.

주문 잡는 스트레스 NO, 자동 배정 YES

어플 온라인만 하면, 최적의 주문을 자동 배정합니다.

내가 하고 싶을 때만 일하자!

시간에 구애받지 않고 내가 하고 싶을 때 진행하는 편리성

자전거도, 오토바이도 없다. 가진 건 내 몸뿐.

AI 시스템이 이동 수단별 딱 맞는 배달만 맞춰 주니까.

시작해, 기회는 지금이야! +

그럼에도 배달앱에서는 이렇게 배달원을 모집한다. 타인의 지시 없이 자유롭게 자신의 의지와 능력만큼 배달일을 할 수 있다고 홍보하는 것이다. 배달앱이 현대판 판옵티콘이라 느껴지는 건 우리만의 착각인 걸까.

+　　2020년 10월과 12월 쿠팡이츠 배달 파트너 광고 영상 중에서.
　　　https://www.youtube.com/watch?v=yNfiT9pji2w(검색일
　　　2021/07/25).

평상시에 걷는 것도 좋아하고, 두 다리만 있으면 알바를 할 수 있다는 게
가장 큰 장점인 것 같아요.[+]

배민커넥트 홈페이지의 '도보 방식' 배달 영상에 나오는 여성은 이렇
게 말한다. 그녀는 커다랗고 네모난 가방을 메고, 스마트폰 배민커넥
트 앱에서 자신의 동선에 맞는 주문을 선택해 배달한다. 단 몇 컷으로
축약된 이 영상 속에서 여성은 배달을 완료할 때까지 땀 한 방울 흘리
지 않는다. 얼굴에는 힘든 기색 하나 없고, 배달을 완료하고는 다시 긴
머리를 흩날리며 걸어 나온다. 실제로 언제부터인가 주변에서 배민커
넥트의 민트색 가방을 메고 걸어 다니는 사람들이 눈에 띄기 시작했
다. 우리는 이번엔 걸어서 배달을 해보기로 했다.

"빨리 와요!"

2020년 9월 11일, 우리는 서울 마포구 신촌역 앞에서 주문을 받
았다. 서교동에 있는 H음식점에서 덮밥을 픽업해, 노고산동에 있는 오
피스텔로 배달하는 일이었다. 신촌역에서 H음식점까지는 네비게이션
지도상 도보 16분이 소요되는 거리였다. 그러나 앱에서는 "식당이 조

[+] 배민라이더스 홈페이지(www.baeminriders.kr)에 등장하는
배민커넥트 광고 영상 중에서. "시간 날 때 한두 시간 가볍게,
퇴근길에 한두 시간 가볍게, 주말 오후 한두 시간 가볍게, 운동
삼아 한두 시간 가볍게"라는 캐치프레이즈를 내세우고 있다.

리를 시작했다"라며 10분 안에 음식을 픽업하라고 했다. 16분이 걸리는 거리를 10분 안에 가기 위해 우리는 두 다리를 미친 듯이 움직였다.

음식을 픽업하고 나니, 이번엔 9분 안에 배달지로 가라고 했다. H 음식점에서 소비자가 있는 곳까지 네이버 앱에서는 12분이 걸린다고 했는데 말이다. 첫 배달인 만큼 의욕은 차고 넘쳤지만 그때부터 '이걸 어떻게 가지?' 하는 생각이 끊이지 않았다. 불평하는 동안에도 아무튼 시간은 흐르고 있었기에, 우리는 그 3분을 단축하기 위해 길지도 않은 다리를 재바르게 놀렸다. 지도엔 오르막길이 표시되지 않아서 예상치 못한 오르막길을 만날 때마다 나는 좌절했다.

헉헉거리며 배달을 끝내고 "전달 완료" 버튼을 누르자마자 콜은 다시 들어왔다. 사람이 아닌 알고리즘은 인정사정없었다. 라이더의 다리가 아프건 말건 숨이 차건 말건 알 바 아니다. 노하우가 없던 우리는 콜이 뜨면 바로 받아야만 하는 줄 알고 "수락" 버튼을 눌렀는데, 이번엔 온 길을 그대로 돌아가야 하는 동선이었다.

16분이 걸린다는 거리를 알고리즘은 13분 안에 가라고 했다. 앱 최상단에는 주황색 글씨로 "픽업 13분 남음"이라는 문구가 떴다. 1분이 지날 때마다 알고리즘은 속절없이 "12분 남음", "11분 남음"을 알리며 우리를 재촉했다. 아무리 낑낑대며 걸어도 우리의 속도는 여전히 그보다 3~4분이 느렸다. 음식점 사장이 짜증을 낼 것 같다는 생각에 계속 발걸음을 재촉했다. 어쨌거나 면전에서 욕을 먹는 건 싫었고, 부지런히 두 다리를 움직인 결과 그래도 제시간에 음식점까지 도달할 순 있었다.

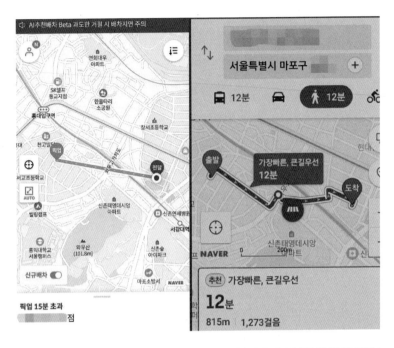

배달앱에서 인공지능의 계산에 의해 이루어지는 이동 소요 시간(좌)은 네비게이션 앱상의 결과(우)보다 평균 30퍼센트 정도 짧았다.

　그다음 주문에선 알고리즘이 21분 걸리는 거리를 12분 만에 가라고 했다. 9분의 차이를 어떻게 줄이란 말인가! 허 기자는 천천히 가자고 했지만 내 마음은 그렇지 않았다. 그러나 경보를 한두 시간쯤 하다 보니 발걸음이 제대로 옮겨지지도 않았다. 혼신의 힘을 다해 3분쯤 걷자 앱에서는 이번엔 "9분"이 남았다고 했고, 우리의 내비게이션상 소요 시간은 "14분"이 됐다. 그래도 9분 차이를 5분 차이로 단축한 것이다. 그런데 우리는 배달지까지 거의 다 와서 완전히 길을 잃었다. 심지어 잘못 들어간 길이 오르막길이어서 오르지 않아도 될 오르막길을 오르고 나니 어찌나 분통이 터지던지 나도 모르게 욕이 튀어나왔다. 알고리즘은 "픽업까지 0분 남음"이라고 알려 주더니 이제는 빨간 글씨로 "전달 0분 초과", "전달 3분 초과", "전달 6분 초과"를 알리고 있었다. 나는 조급해지다 못해 화가 나기 시작했다.

결과적으로 우리는 앱에서 말하는 예정된 시간보다 20분이나 늦었다. 소비자가 음식을 집어 들자 허 기자의 입에선 "맛있게 드세요"라는 말 대신 "수고하셨습니다"라는 말이 튀어나왔다. 다급히 건넨 묵직한 흰 봉투에는 아마도 온기가 사라졌을 '보리밥 정식 2인분'이 포장 용기에 덮여 있었다. 반바지에 민소매를 입은 고객은 허 기자가 "수고하셨습니다"를 "맛있게 드세요"로 시정할 틈도 주지 않고 현관문을 쿵 닫아 버렸다.

그 후로도 우리의 배달은 계속됐다. 이번엔 5분을 걸어야 하는 거리를 알고리즘은 1분 안에 가라고 했다. 심지어 가파른 오르막길이었다. 어떨 땐 10분은 더 걸어야 하는데 알고리즘이 벌써 "전달 0분 초과"를 알리기도 했다. 네다섯 차례 배달을 더 한 후, 도저히 다리가 움직여지지 않아 마지막 배달은 결국 택시를 탔다. 배달비로 3000원을 받고 택시비로 4000원을 쓰는 미련한 짓을 끝으로 우리의 그날 배달은 마무리됐다.

알고리즘이 배달 소요 시간을 제멋대로 단축해 알려 줄 때마다 나는 부당한 지시라며 따지고 싶었다. 그러나 이미 음식은 우리 손에 들려 있었고, 어쨌든 배달은 완수해야 했다. 게다가 배민커넥트에서 라이더는 오직 앱상의 메신저를 통해서만 문의 사항을 전달할 수 있어

항의 전화 같은 건 가능하지도 않았다. 그렇다고 답변이 즉각적으로 오는 것도 아니다. '인공지능 인력소장' 알고리즘에게 라이더의 이야기를 들을 귀 같은 건 없었다. 애초에 예정 시간보다 늦는 건 당연한 일이었다. 배달앱에서 계산하는 이동 거리는 도로의 현실을 전혀 반영하지 않고 있었다. 음식을 들고 고객의 집까지 가는 길은 구불구불한 골목길도 있고, 끝이 보이지 않는 계단도 있다. 가파른 오르막은 물론이고, 꼼짝없이 기다려야 하는 신호등도 있다. 반면 배달앱상 이동 소요 시간에는 그런 물리적 현실이 반영되어 있지 않은 것 같았다. 뛰면서 배달을 해도 번번이 시간은 초과됐고, 난 가끔 소비자를 마주하기 무서워 허 기자의 등을 떠밀었다.

한번은 배달지까지 거의 다 와서 나는 밖에서 기다리기로 하고 허 기자가 아이스커피 한 잔을 들고 건물 안으로 들어갔다. 여의도의 한 오피스텔이었는데, 엘리베이터만 타면 되니 금방 오겠지 생각했다. 그런데 아무리 기다려도 허 기자는 오지 않았다. 그가 얼굴이 벌개져서 등장한 건 대략 20분이 지나서였다.

"15층이라고 해서 엘리베이터 타고 올라갔는데, 그 호수가 없더라고."

주문자의 주소는 1506호인데, 허 기자가 올라간 15층에는 1501호와 1502호만 있었던 것이다. 허 기자는 다시 1층까지 내려와 해당 동이 맞는지 확인했지만 틀리지 않아 몇 번이고 엘리베이터를 다시 탔다. 손에 든 아이스커피 컵에서 물이 땀처럼 흐르고 있을 때쯤, 허 기자는 그곳 엘리베이터가 '1호-2호', '3호-4호'와 같은 식으로 별개로 설계돼 있어 엘리베이터를 잘 골라 타야 한다는 걸 깨달았다.

좁고 구불구불한 골목길도 답이 없기는 마찬가지였다. 스마트폰 지도상으로는 분명 길이 있지만, 실제로는 막혀 있는 경우도 많았다. 난생처음 가는 낯선 길인데 지도 앱도 제대로 작동하지 않고 째깍째깍 시간만 흘러갈 때는 정신줄 놓기 직전이 된다. 그런 상황에서 악천후까지 겹치면 문제는 더 심각해진다. 배달앱의 시간은 라이더가 힘들거나 네비게이션상의 길이 틀렸다고 해서 혹은 악천후로 길이 미끄럽거나 앞이 보이지 않는다고 해서 천천히 흐르지 않기 때문이다.

2020년 2월, 국내 최대 규모의 배달앱 배달의민족은 배달 배차 시스템에 인공지능 기술을 도입했다. 배달원 동선, 주문 음식 특성 등을 고려해 가장 적합한 배달원에게 주문을 배정하는 방식으로 배달원의 운행 안정성과 편의성을 높일 것이라고 배달의민족 측은 설명했다. 인공지능 알고리즘이 배달원 동선에서 가장 적합한 콜을 자동으로 배차해 줄 뿐만 아니라 배달원이 다음 콜을 잡기 위해 운전 중 스마트폰을 살필 필요도 없다는 것이다. 인공지능이 배달원들의 위치와 현재 가진 배달 건 등을 종합해서 분석한 뒤 새 콜을 여기에 붙여 시뮬레이션해 보고 가장 적합한 배달원을 고른다는 게 배민 측 설명이었다.

결과는 어땠을까. 물론 배달 시간은 크게 단축됐다. 배달의민족을 운영하는 우아한형제들이 자사 배달원을 대상으로 공개한 자료를 보면, 2020년 7월 기준으로 음식점 픽업까지의 소요 시간은 43퍼센트, 고객에게 전달하기까지의 소요 시간은 17퍼센트 줄었다. 전체 배달 시간은 26퍼센트 감소했다. 배달 예상 안내 시간의 정확도를 뜻하는 고객 안내 준수율도 29퍼센트포인트 증가 효과를 봤다. 우리의 배달 경험에 비춰 봤을 때 실제 걸리는 시간은 배달앱에서 요구하는 시간보다 약 30퍼센트 더 걸렸다. 이는 반대로 말하면, 인공지능의 도입으로 딱 그 시간만큼 배달 시간이 줄어든 것이다.

배달앱에서 말하는 '효율성 증대'란 결국 라이더들의 '노동 효율성' 증대를 의미하는 것이었다. 플랫폼 산업에서 가장 혁신적인 점을 든다면, 어떤 가혹한 명령이든 공장주나 자본가가 아닌 인공지능이 시키는 것으로 보이게 만든다는 것이었다.

S 빌라로 가는 길

2020년 9월, 밤 10시가 넘은 늦은 시각이었다. 비가 오고 있었다. 우리는 배민커넥트로 아이스크림을 배달해야 했다. 여느 때처럼 가게에 들러 아이스크림을 픽업했다. 허 기자가 챙겨 온 소박한 은박 보냉백에 아이스크림을 넣었다. 배달지는 S 빌라였는데, 이 동네를 꽤 안다고 생각했음에도 낯선 곳이었다.

S 빌라로 가는 길은 지도 앱에서도 부정확했다. S 빌라의 나 동으로 오라는데, 지도 앱이 가리키는 곳에 가서 아무리 주위를 둘러봐도 입구는 보이지 않았다. 간신히 사람 한 명 통과할 수 있는 너비의 골목을 들어갔다 나오기를 여러 번. 낯선 사람이 나타날 때마다 스마

트폰을 쥔 손에 팬시리 힘이 들어갔다.

아이스크림은 녹아 가고 있을 게 뻔했다. 아이스크림 가게에서 안 준다는 아이스팩을 사정해서 받아 낸 게 그나마 다행이었다. 그래도 아이스크림이 다 녹아 버렸으면 어쩌지? 울고 싶었다. 주문자가 남긴 "천천히 조심히 와주세요"라는 문구가 그나마 작은 위안이었다.

그렇게 비를 맞으며 헤매기를 10여 분, 드디어 빌라 입구를 찾았다. 바로 맞은편은 공사 중이었다. 입구에 들어가서도, 정확한 주소지까지는 또 한참을 들어가야 했다. 배달지는 빌라의 2층이었는데, 건물 입구에는 센서등도 없었다. 스마트폰으로 손전등을 켜고 건물 안으로 진입하려던 차, 두 남자가 갑자기 튀어나와 나는 잔뜩 겁을 먹었다. 이렇게 인적이 드문 곳에서 이 늦은 시간에 뭘 하고 있는 걸까? 짧은 순간 별별 상상이 다 됐다. 스마트폰 불빛에 의존해 겨우 주소지를 찾아 아이스크림을 내려놓고 초인종을 눌렀다. 멀찌감치 떨어져 소비자가 현관문을 열기를 기다렸다. 덜컥 문이 열리고 "감사합니다!" 하는 목소리가 들려왔다. 그나마 그 밝은 목소리에 위안을 받으며 우리는 잰걸음으로 그곳을 빠져나왔다.

B마트

9월 중순. 우리는 배민커넥트의 "AI 배차 방식"으로 콜을 받고 급기야

나가떨어지기 직전까지 돼서야 다른 배차 방식이 있다는 것을 깨달았다. 바로 "일반 배차" 방식이었다. 배차 방식을 전환하자마자, 대기 주문 리스트에 콜이 쌓였다. AI 배차 방식에서는 콜이 자동으로 배정될 때까지 어느 정도 기다려야 했는데, 대기 리스트에 배달 주문이 쉴 새 없이 쌓이는 걸 목격하니 가히 '배달의 민족'이라는 게 실감 났다. 우리는 그중 하나를 선택했다. 주문 내역을 보니 첫 목적지는 음식점이 아니라 'B마트'라는 곳이었다. 나도 종종 배달의민족을 이용하곤 했지만 그때까지만 해도 B마트가 뭔지 몰랐다. 어쨌든 앱이 알려 주는 곳으로 가고 있는데 스마트폰이 "띵동" 하고 울렸다. 대기 주문이 올라오는 소리였다. 또 B마트 주문이었다. 어차피 B마트에 가는 길이었고 마침 우리가 배달 가야 하는 곳과 멀지 않은 곳에서 온 주문이라 한 건의 배달을 추가로 '업었다.' 한 번에 한 건씩만 배달하다가 두 건을 동시에 처리한다는 생각이 들자 조금은 영리한 노동자가 된 것 같았다.

내비게이션이 가르쳐 주는 대로 걷다 보니 웬 지하 창고 같은 곳에 다다랐다. 그곳이 B마트였다. 거기에는 각종 물품들이 담긴 비닐봉지 수십 개가 라이더들을 기다리고 있었다. 가져갈 물건을 찾는 라이더가 언뜻 봐도 십수 명은 되어 보였다. B마트 픽업은 처음인지라 직원의 설명을 듣고 배달할 물건을 찾았다. 봉지 하나는 상온에, 하나는 냉장고에 있었다. 하나엔 크라운콘칩, 포테토칩, 메로나, 스크류바, 죠스바, 돼지바 등이 잔뜩 들어 있었고, 또 다른 하나엔 샐러드 박스가 여러 개 들어 있었다. 우리는 각자 한 봉지씩 들고 마포구 염리동의 아파트와 주택가 빌라에 각각 배달했다. 생수 한 통도 배달해 먹는다는

우리가 도착한 B마트에는 소비자들이 주문한 물건들이 담긴 비닐봉지 수십 개가 라이더들을 기다리고 있었다.

이야기가 현실로 다가왔다.

배달 시장에서 일단 한번 우위를 점한 플랫폼이 영역을 확장하는 건 어려운 일이 아니다. 배달의민족은 처음에는 음식 배달로 시작해 배민라이더스를 런칭하며 기존에 배달이 어려웠던 카페, 베이커리, 그리고 전통 시장까지 서비스를 확장했다. 이제는 B마트로, 식당의 음식뿐만 아니라 세상의 거의 모든 먹거리를 배달하고 있었다.

고백컨대 나는 이날 B마트를 알게 된 이후 소비자로서 몇 번 B마트를 이용했다. 집 밖으로 한 발자국도 떼기 싫었던 어느 날 나는 배달앱에 접속했다. 배는 고픈데 시켜 먹자니 보통 최소 주문 금액이 1만 원을 훌쩍 넘는 터라 부담스러웠다. 그러다 퍼뜩 B마트에서 단호박 샐러드를 배달했던 기억이 떠올랐다. 그렇게 "B마트"를 터치해 샐러드 하나를 담고, 우유랑 생필품 몇 가지를 더 담아 "주문" 버튼을 눌렀다. 또 한번은 주말에 집에서 요리를 해먹으려는데 장 보러 가기가 너무 귀찮아 B마트에서 양파와 대파를 시켰다. 하지만 취재를 더 진행하면서 B마트도, 타사의 새벽 배송도 이제는 쓰지 않고 있다. 그러나 그것이 매력적인 서비스임은 지금도 부인할 수 없다.

아이러니하게도, 나는 배달을 해보며 그전에는 몰랐던 배달 서비스의 편리를 더 잘 알게 됐다. 커피와 빵을 배달했던 기억이 남아 나 또한 커피와 빵을 몇 번 시켜 먹었고, '누가 이런 걸 배달 시켜?'가 아니라 '이건 배달 안 되나?' 하는 식으로 사고도 바뀌었다. 그럴 때마다 "조심히 안전하게 천천히 와주세요"라는 문구를 라이더에게 남기며 알량한 양심의 위안으로 삼았지만, 취재 과정에서 만난 한 라이더는 그런 나를 민망하게 만들었다. 그 이유는 다음 장에서 이야기하겠다.

플랫폼은 누가 움직이나

동행 취재와 직접 체험을 통해 우리는 거대한 배달 산업을 굴러가게 하는 배달 노동의 실상을 알 수 있었다. 연간 10~15조 원 규모의 배달 시장은 건당 3000원 하는 배달 노동자들과 함께 톱니바퀴처럼 굴러갔다. 우리가 목격한 건 "혁신"이라는 허울 뒤에 숨은 불합리, 알고리즘 뒤에 숨은 탐욕, 그리고 자유로운 선택을 강조하는 광고 뒤에 숨은 강제성이었다.

우리가 가장 장시간 쉬지 않고 일했던 날을 꼽아 수익을 계산해 봤다. 하루 여섯 시간 자동차 배달로 번 돈은 4만8930원, 운전한 총거리는 54.9킬로미터, (자동차 연비를 리터당 10킬로미터로 잡고 기름값을 1300원으로 계산해) 기름값 7150원과 그날 먹은 점심값 8000원을 제외한 후 이를 여섯 시간으로 나누니 시간당 5630원을 번 셈이 됐다. 2020년 최저임금 8590원에도 못 미치는 금액이다. 그러나 여전히 수많은 사람들이 플랫폼 노동에 뛰어들고 있다. 현재까지 플랫폼 노동자의 규모에 대한 정확한 통계는 없지만, 2019년 한국고용정보원의 집계에 따르면 전체 플랫폼 경제 종사자는 최대 54만 명에 달한다. 2020년 12월 기준, 배민커넥트의 신규 가입자는 월평균 2600명으로 조사됐다. 하루에 86명씩 배달 노동자가 유입됐다는 뜻이다.

기술과 자본이 필요하지 않은 노동일수록 육체적으로 고되다. 이 단순한 이치를, 두 다리를 움직여 보고 나서야 다시금 깨달았다. 기자인 나 역시 배민커넥트의 "힙한" 광고 영상에 잠시 속았음을 고백한다. 플랫폼 기업들은 '평등'과 '기회'를 말하지만 분명 서열은 존재한다. 공유 경제에서 성공하는 사람들은 공유 경제가 아니라도 성공할 만한 기술과 자본을 갖추고 있다.[+] 법률 서비스 플랫폼 '로톡'에 가입해 법률 상담을 하는 변호사들을 생각해 보자. 이들은 플랫폼이 아니어도 자신들의 전문 지식으로 큰 수입을 올릴 수 있다. 반면, 배달이나 청소 등 이른바 단순 노무직의 경우, 온라인에서나 오프라인에서나 그 노동의 대가는 크지 않다. 더구나 앱의 등장으로 기존 오프라인 업체들이 사라지면서 플랫폼 의존도는 더욱 높아지고 있다. 기술과 자본의 장벽은 배달 플랫폼 세계에도 적용된다. 운송 수단을 소유하고 있는가, 그렇지 않은가에 따라 할 수 있는 노동의 종류가 달라진다. 앞서 우리는 쿠팡이츠 배달 파트너로 일할 때 자동차에서 도보 방식으로 바꾸자 배달 주문 건수가 확연히 줄었다. 첫날 하루는 손가락만 빨고 있어야 했다. 하다못해 그 기술이 자동차 운전 같은 단순한 기술일지라도 그 기술의 유무는 수입을 결정했다.

그렇다면 우리는 배달 플랫폼의 성공 신화에 주목하기에 앞서 그 노동을 하는 사람들이 누군지 고민해 봐야 한다. 단편적인 참고 자료지만, 2018년 한국고용정보원에서 나온 「플랫폼 경제 종사자 규모 추정과 특성 분석」 자료를 보면 대리운전, 음식 배달, 퀵서비스, 택시 운전 등의 플랫폼 경제 종사자들의 학력 수준은 고졸이 60.2퍼센트로 가장 높았다. 전문대졸은 12.1퍼센트, 대졸 이상은 10.9퍼센트였다. 중졸 이하의 학력도 16.8퍼센트로, 전문대졸과 대졸 이상 종사자 비율보다 높았다. 2020년 11월 국회에서 열린 「전국 배달 노동자의 노동 실태 분석과 정책 대안 마련을 위한 토론회」에서 발표된 조사 결과

+ 알렉산드리아 J.래브넬, 『공유 경제는 공유하지 않는다』, 김고명 옮김, 롤러코스터, 2020, 260쪽.

를 보면, 배달앱을 이용하는 배달 노동자 1628명을 조사한 결과 성별로는 남성이 97.1퍼센트, 연령대별로는 20~40대가 87.9퍼센트, 학력은 고등학교를 졸업한 경우가 63.4퍼센트로 가장 많았다.

이런 지표들이 말해 주고 있는 것은 무엇일까? 크라우드 소싱 방식으로 대중에게 확대된 이 노동은 기존 노동시장으로의 진입 장벽을 허문 것일까, 이미 제도권 밖으로 밀려나 있는 이들의 노동력을 흡수해 질 낮은 또 다른 노동시장을 만든 것일까. 이 시장을 떠받치고 있는 사람들은 어떤 사람들일까? 우리는 이제 그들을 만나 보기로 했다.

2

플랫폼을

움직이는 사람들

"형님들 멘탈 관리 어떻게 하십니까?"

배달 라이더들이 모여 있는 익명 카톡방에서 한 라이더가 물었다. 약 3분 뒤, 다른 한 라이더가 이렇게 답해 주었다.

"멘탈 관리가 필요해요? 나 없으면 밥도 못 먹는 불쌍한 사람들이라고 생각하삼."

저절로 고개가 끄덕여졌다. 농담 섞인 이 한 문장에는 비가 오나 눈이 오나 바람이 부나 따끈한 음식을 내 집 앞까지 대령하는 배달 노동의 핵심이 잘 담겨 있다. 우리의 끼니와 야식을 책임지는 그들은 우리 시대 필수 노동자다. 내 뱃속을 채워 줄 무언가를 내 문 앞에 슬그머니 놓고 사라지는 유령 같은 존재, 앱 속의 귀여운 캐릭터로만 보였던 그들을 우리는 직접 만나 보았다.

열여덟 정수

2019년 여름, 아직 앳된 얼굴의 열여덟 정수는 회사 로고가 적힌 검은 조끼에 반바지, 슬리퍼 차림으로 우리 앞에 나타났다. 한 손에는 일할 때 쓰는 헬멧이 들려 있었다. 그는 일을 시작하기 전에 잠시 시간을 냈다며 자리에 앉았다. 왼쪽 정강이에는 어딘가에 심하게 긁힌 자국이 남아 있었다.

정수는 사촌형의 소개로 작년 12월부터 배달 대행업체 생각대로에서 일하고 있다. 취업은 어렵지 않았다. 전화로 일을 하고 싶다고 하니 곧바로 사무실로 오라는 연락이 왔다. 몇 가지 서류를 작성하고 인감도장을 찍은 게 전부였다. 일은 바로 시작됐다.

정수가 쉬는 날은 일주일에 하루뿐이다. 주문이 쏟아지는 주말에는 쉬지 못한다. 평일에 원하는 날로 하루 쉴 수 있다. 오후 3시부터 다음 날 새벽 3시까지 하루 열두 시간이 기본 근무시간이다. 그 시간을 채우지 못하면 생각대로에서 떼가는 수수료가 올라간다. 기본이 건당 300원이다. 지각을 하면 수수료가 건당 400원으로 올라간다. 자연히 열두 시간 이상 일하게 된다. 이 모든 것을 관리하는 건 배달 대행업체의 지역 관리자다. 배달 대행업체는 본사가 있고, 그 밑에 지역 센터를 두고 있는데, 라이더들은 대부분 이 센터에 소속돼 있다. 일명 '센터장'은 배달원의 출·퇴근 시간, 하루 배달 시간, 휴무일 등을 조율할 뿐만 아니라 라이더들이 기피하는 '똥콜'도 처리한다. 이런 지역 센터는 배달 대행업체와 가맹점 개념으로 계약을 맺고, 배달원들을 관리하는 역할을 한다.

정수가 한 번 배달할 때마다 받는 돈은 1.5킬로미터 기준 3200원. 거리가 이보다 길어지면 100미터당 100원씩 추가금이 생긴다. 자연히 배달이 밀집된 지역이 수익을 남기기에 유리하다. 외진 지역으로 가는 콜은 다들 싫어한다. 그런 콜을 일명 "똥콜"이라 하는데, 이런 콜들이 수락되지 않고 쌓이면 센터 공지로 글이 뜬다.

"여기가 양봉장입니까? 왜 꿀만 찾고 본인들만 편하게 일하려고 합니까? 누구든 더운 건 마찬가집니다. 단체생활입니다. 제발 좀 어지간히 해주세요."

그런 똥콜을 포함해 정수의 하루 배달 건수는 40~50건, 오토바이로 돌아다니는 거리는 100~150킬로미터다. 그러면 15~20만 원을 벌 수 있다. 이는 정수의 개인 계정에 포인트로 적립되고 현금처럼 사용할 수 있다.

그렇게 한 달 일하면 수수료를 제외하고 대략 290~360만 원 정도를 벌 수 있다. 하지만 여기서 빠지는 돈이 더 있다. 하루에 오토바이 임대료 4만 원, 오토바이 보험료 1만6000원, 기름값 1만 원이 고정으로 나간다. 이 돈만 한 달에 198만 원이다. 또 일주일에 한 번 엔진오일과 브레이크 패드도 교체해야 한다. 그렇게 이것저것 제하면 손에 잡히는 돈은 그리 많지 않다. 사실 정수는 이곳에서 일한 지 8개월이 지났지만 한 달에 얼마나 버는지 잘 몰랐다. 월급이 아니라 매 건마다 지급되는 적립금을 그때그때 빼서 사용하다 보니 정확히 계산해 본 적이 없다.

그래도 정수는 사장님이다. 배달 대행업체와는 근로계약이 아닌 배송 위탁계약을 맺었기 때문이다. 앞서 설명한 건당 배송료 및 수수료, 열두 시간 근무 등이 계약 조건이다. 노동자가 아닌 개인 사업자 자격으로 위탁 업무, 즉 배달 업무 계약을 맺은 것이다. 배달 대행업체 대부분이 이런 식으로 라이더와 계약을 맺는다. 그러나 정수는 자신이 맺은 계약이 근로계약인 줄 알고 있었다. 아무도 그에게 제대로 설명해 주지 않았던 것이다. 더구나 서명한 뒤로는 계약서를 보지 못했다. 정수는 회사 사무실에 계약서가 있다며 언제든 가져올 수 있다고 했으나 가져다줄 수 있느냐는 질문에는 답변을 얼버무렸다.

정수에게 사고는 일상다반사다. 지난 5개월간 총 열두 번 정도 사고가 났다. 배달을 하면서 사고는 피할 수 없는 일이라고 정수는 말했다. 우리를 만나기 이틀 전에도 사고가 있었다. 인도 옆 2차선을 달리던 중 1차선에 있던 택시가 손님을 내려 준다고 갑자기 2차선을 침범했다. 다행히 다친 사람은 없었으나 오토바이는 택시와 충돌해 앞부분이 부서졌고 정수는 다리에 찰과상을 입었다.

이 일이 위험하다는 건 정수도 잘 알고 있다. 그래도 그는 배달 일이 제일 맘에 든다고 했다. 예전엔 패스트푸드점에서 일했는데 몇 개월 못 하고 그만뒀다. 매니저 같은 윗사람들과 어울려 일하는 게 쉽지 않았다. 작은 잘못에도 질타가 이어졌고 꽉 막힌 공간에서 매순간 감시당하며 일하는 게 불편했다. 정수에게 배달은 눈치 보는 일 없이 혼자서 자유롭게 하는 일인데다 오토바이 타는 것까지 좋아하니 더할 나위 없었다.

〰〰〰

이전에 했던 퀵서비스 일까지 합쳐 배달 경력 10년이 넘은 박기성 씨

(38, 가명)는 배달일이란 게 바쁠 때는 한없이 바쁘고 한가할 때는 속절없이 한가하다고 했다. 배달앱에서 이벤트나 할인 행사 같은 걸 할 때는 주문량이 폭주하지만, 그런 다음 날은 거의 주문이 없다. 전날 음식을 시켜 먹은 사람들이 그다음 날도 배달 음식을 먹지는 않기 때문이다. 그러다 보니 쉬는 날도 잘 선택해야 한다.

사실 이런 식의 노하우는 배달을 오래 해봐야만 알 수 있는 것들이다. 사고도 마찬가지다. 배달을 하다 보면 자주 발생하는 사고가 있는데, 오래 하다 보면 이를 피하는 노하우가 생긴다. 예를 들어, 버스가 정류장에 서있을 경우 그 근처로는 가지 않는다. 자칫 버스를 타기 위해 무단 횡단하는 사람과 충돌할 수 있고, 버스에서 내린 승객이 찻길을 급히 건너려다 부딪히는 경우도 많기 때문이다. 이 일에도 나름 숙련이 필요한 셈이다. 그래서 기성 씨는 정수 군 같은 청소년들이 이 일에 쉽게 발을 들이는 게 마뜩찮다.

애들은 오토바이도 타고 싶고 돈도 벌면 좋겠다 싶어서 이 일을 시작해요. 그런데 그 친구들에게 배달일의 위험은 좀 알려 줘야 하는 게 아닌가 싶어요. 겁 없이 오토바이 끌고 나갔다가 크게 사고 난 경우를 보면 대부분 어린애들이에요. 근데 그러면 인생 망치는 거거든요. 사고 나서 오토바이 망가지는 순간 다 빚이에요. 오토바이 보험이 비싸서 다들 가입을 안 하거든요. 근데 사고 나면 수리비가 엄청 들잖아요. 게다가 자기 몸까지 다치죠. 그러면 다친 날짜만큼 일을 못 해요. 수입이 없는 거죠. 그럼 빚은 계속 불어나는 거예요.

저도 배운 게 없으니 이러고 있는데, 요즘 이쪽에 오는 어린 친구들 보면 안타까워요. 아무것도 모르는 상태에서 일하러 와요. 누구 하나 가르쳐 주는 사람도 없고요. 사실 이 업종이 오래 할 일이 아니에요. 열심히 하면 많이 벌 수도 있겠죠. 그런데 가끔 일 끝나고 집에 들어가 누우면 그날 있었던 아찔한 순간이 생각나요. 언제까지 이 일을 할 수 있을까 고민되죠. 저는 오래 할 생각이 없어요. 어느 정도 돈 모으면 그만둘 거예요. 모르면 몰랐지, 알면 오래 못 해요.

정수는 과연 언제까지 이 일을 하게 될까?

> ### 돌고 돌아 배달

오토바이도 있겠다. 사지 멀쩡하겠다. 먹여 주고 재워 주고 자네 처지에
서울에서 이보다 더 좋은 일자리를 구하는 건 힘들다고 봐야지.
— 천명관, 『나의 삼촌 브루스 리』 중에서

배달업 종사자들의 연령대는 다양하다. 숙련도를 따지는 일이 아니니 정수 같은 청소년과 중장년층이 공존한다. 이성희 씨(52, 가명)는 경북 경산에 있는 신학대학을 졸업했다. 부모님은 경북 영덕에서 담배와 고추 농사를 지었다. 형제가 다섯이라 집에서는 대학 입학금만 농협 대

출로 이 씨에게 내줬다. 대학을 다니는 내내 학비는 물론, 자취비까지 스스로 해결했다. 주유소 아르바이트부터 막노동까지 안 해본 일이 없었다. 그중에서 정기적으로 한 일은 닭 배 따는 일이다. 단가가 제일 비싸서였는데 그만큼 일은 고됐다. 컨베이어 벨트 속도에 맞춰 작업을 하다 보면 화장실 갈 틈도 없었다. 그렇게 붙박이처럼 일하다 보면 한 달 만에 팔뚝의 근육이 새까매졌다. 성희 씨는 7년 만에 대학을 졸업할 수 있었다.

졸업 후에는 대구 달성군에 있는 『조선일보』 지사의 영업직으로 취직했다. "1등 신문"이라서 맘에 들었다. 일은 힘들지 않았다. 다만, 월급이 적었다. 부식비, 교통비, 월세 등을 계산해 보니 지출이 수입보다 많았다. 두 달 만에 일을 관두고 막노동을 시작했다. 그러다 우연찮게 『벼룩시장』에서 중국집 배달 광고를 보게 됐다.

"월급 80만 원, 숙식 제공."

'숙식이 제공된다고?' 그에겐 이 문구가 눈에 박혔다.

당시는 IMF 때라 새벽같이 인력소에 나가도 일이 없었다. 고민할 것도 없었다. 대구 달성군에 있는 중국집이었는데 홀에 테이블은 네 개밖에 없었다. 사장이 주방장이었고, 사모님이 카운터를 보는 작은 가게였다. 직원은 이 씨 혼자였다. 주방 옆 단칸방에서 숙식을 해결하며 배달일을 시작했다.

처음에는 시키는 대로 모든 일을 다 했다. 사장은 성희 씨에게 매일 아침 8시, 홀에 나와 야채를 손질하도록 했다. 성희 씨는 먹여 주고 재워 주는 게 어딘가 싶어 군말 없이 따랐다. 하지만 그렇게 한 달을 지

내다 보니 친해진 배달원 동료들로부터 야채 손질은 대체 왜 하는 거냐는 핀잔을 듣기 시작했다. 석 달이 지나서야 그는 겨우 못 하겠다는 말을 꺼냈다.

물론, 배달일은 열심히 했다. 틈틈이 전단지도 곳곳에 뿌렸다. 만나는 사람마다 가게에 오라고 영업을 했다. 자기가 있는 가게가 잘돼야 자신도 잘된다고 생각했다. 그렇게 해서 하루 매출 10만 원 정도였던 가게가 반년 만에 30만 원을 넘겼다. 배달원도 둘이나 더 늘었다.

3년 정도 일했을까. 뼈아픈 실수를 저질렀다. 배달 중 사람을 쳤는데 상대편이 많이 다쳤다. 3000만 원에 합의를 했는데, 그간 저축한 돈이 다 날아갔다. 더는 이 일을 하고 싶지 않았다. 마침 부산에 있는 큰형이 집으로 오라고 했다. 망설일 이유가 없었다. 큰형 소개로 공장에서 일을 시작했다. 하루 열두 시간 일하며 한 달 80만 원을 받았다. 배달로 월 180만 원을 벌던 이 씨에게는 너무 적은 돈이었다. 게다가 옴짝달싹 못 하고 라인에 맞춰 제품을 조립하다 보니 다시 닭 배 따는 공장에 돌아온 기분이었다. 1년 가까이 버티다 그만뒀다.

이성희 씨는 자기 사업을 시작했다. 건물에 자판기 음료수를 대는 일을 시작으로 하나둘씩 사업을 늘려 나갔다. PC방, 인테리어, 납골당 분양 사업도 했다. 그러다 친구와 동업했던 인테리어 사업에서 문제가 생겼다. 동업자가 공사 대금 등 1억8000만 원을 들고 도망갔다. 영문도 모르고 사무실에 출근한 성희 씨는 연장을 챙겨 쳐들어온 목수들에게 멱살잡이를 당했다.

물어 줄 돈이 없던 이 씨는 도망치는 수밖에 없었다. 남들 모르게 서울행 버스를 탔다. 중국집에서 배달원을 뽑는다는 광고를 보고 무작정 상경한 것이다. 서울 방배동에 위치한 중국집에는 함께 일하는 배달원이 두 명 더 있었다. 숙식이 가능한 곳이었다. 중국집 인근 지하 원룸에서 셋이서 생활했다. 그렇게 서울살이가 시작됐다.

월급은 180만 원이었으나 서울 지도를 외우지 못하는 성희 씨에게는 20만 원을 뺀 160만 원을 줬다. 아침 9시부터 밤 9시까지 일하면서 한 달에 두 번 쉴 수 있었다. 중국집에 출근하면 홀을 청소한 뒤, 전날 배달한 그릇을 회수하러 다녔다. 전단지도 돌려야 했다. 한창 배달이 몰리는 시간대에는 죽어라 오토바이를 탔다.

개인 생활은 불가능했다. 한번은 여수에 있는 친구가 부친상을 당해 문상을 다녀오는데, 이틀 휴가를 쓰고 한 달 반 동안 하루도 쉬지 못하고 일했다. 입에서 단내가 날 지경이었다. 그러다 택시와 부딪히는 사고가 났다. 다행히 골절은 없었으나 온몸이 쑤시고 아팠다. 그런데 사고가 난 날이 하필 금요일 저녁이었다. 가게가 바쁘다 보니 주말에도 병원에 가지 못하고 오토바이를 탔다. 며칠이 지나도 통증이 이어지자 결국 성희 씨는 택시 기사에게 전화를 했다.

"저 너무 아파서 병원에 가봐야 할 것 같은데요."

택시 기사는 그러라고 했다. 성희 씨는 고마운 마음마저 들었다. 그때는 산재 신청은커녕, 교통사고가 나면 차주에게 치료비와 합의금을 받아야 하는지도 몰랐다. 나중에야 중국집 사장과 배달원들이 이를 알면서도 말해 주지 않았다는 걸 알게 됐다. 한솥밥 먹는 이들이라고 생각했는데 정나미가 떨어졌다. 일한 지 2년 만에 가방을 쌌다.

이후 남대문 직업소개소를 나가기 시작했다. 배달 손이 부족한 중국집에 임시로 배달원을 보내는 일로 특화된 곳이었다. 소장은 중식당을 운영하던 사람이었다. 그래서 배달원이 갑자기 사라지거나 다칠 경우 식당이 얼마나 난감해지는지 잘 알고 있었다. 잘나갈 때는 이 직업소개소에 속한 배달원만 2000명 정도 됐다. 하루 평균 일하러 오는 배달원이 200~300명 정도였다.

2000년대 중반 당시 일당은 9만 원. 여기서 소개비로 5000원을 뗐다. 일은 직업소개소에 온 순서대로 배정되지 않았다. 소장이 적재적소에 배달원을 배치했다. 지금은 배달앱에서 인공지능이 하는 역할을 소장이 했던 것이다. 중국집 사업주 입장에서는 배달원이 일하다 다쳐도 책임질 필요가 없고, 일정 기간만 이용하다 다른 배달원으로 대체하면 퇴직금을 주지 않아도 된다는 장점이 있었다. 짧으면 하루, 길면 3개월까지 직업소개소에서 배달원을 공급받았다.

이 씨 입장에서도 중국집에서 일할 때보다 편했다. 쉬고 싶으면 쉴 수 있었고, 돈이 필요하면 소개소에 나가면 그만이었다. 하지만 좀처럼 목돈이 모이지 않았다. 3년 만에 그는 지인과 함께 방배동에서 돈가스 가게를 시작했다. 지인은 주방을, 자신은 배달을 맡았다. 장사는 잘됐다. 강남 곳곳을 쉼 없이 누볐다. 돈도 어느 정도 모았다. 본업으로 돌아와 중국집을 차렸다. 하지만 본전도 못 건지고 맨몸으로 나왔다.

마흔 중반의 나이에 그는 다시 배달을 시작했다. 달라진 게 있다면 앱을 쓴다는 점이다. 늦은 나이에 쉽진 않았다. 또다시 하루 열두 시간씩 일하긴 힘에 부쳤다. 이제는 나이가 있는 만큼 안정적으로 일하고 싶었다. 여러 차례 배달앱에 직고용을 신청했으나 번번이 거절당했다. 그나마 있는 직고용 배달원도 줄인다는 이야기가 나돌았다.

플랫폼에서는 고용의 한계가 없었다. 누구나 일할 수 있는 구조이기 때문이다. 특별한 기술도 필요 없다. 불특정 다수에게 일감을 뿌리면 알아서 일하겠다는 사람이 몰려들었다. 최근에는 자전거나 도보로 배달하는 이들도 크게 증가했다. 한국노동연구원이 2019년 12월 발간한 「배달앱 확산이 고용에 미치는 영향」 보고서를 보면, 국내 배달원 종사자는 13만 명에 달하고, 이 가운데 배달대행업체에 종사하는 배달원 수는 약 8만3000명(64퍼센트)에 달하는 것으로 추정된다. 특히 배달의민족이나 요기요 같은 배달앱이 도입된 후에는 약 3만3000명의 배달원이 추가로 고용된 것으로 나타났다. 자연히 이 씨 같은 전업 오토바이 배달원들의 수입은 줄어들 수밖에 없었다. 최근에는 단거리 배달을 도보나 자전거로 넘기고, 오토바이 배달원들에게는 장거리 콜을, 그것도 한 건만 배달하도록 하고 있다. 불만이 나올 수밖에 없다.

플랫폼에서 일하면 자유로울 줄 알았다. 출퇴근 시간이나 사장의 지시가 명확히 드러나는 중국집 일과 달리 배달앱은 지시하는 사람이 보이지 않았다. 하지만 통제가 없는 건 아니다.

말이 좋아 사장이지, 이게 무슨 사장인가요. 배정받은 콜만 배달할 수 있고, 콜 요금도 제가 정하지 못해요. 주는 대로 받아야만 하죠. 더구나 배정받은 콜을 거부하면, 페널티가 붙어요. 선택의 여지가 없죠. 이런 저를 사장이라고 할 수 있나요?

플랫폼 노동에서 여성의 비율은 적지 않다. 전통적인 가사 노동이 플랫폼 영역으로 흡수됐고, 그 밖에 보육을 비롯한 각종 돌봄 노동을 중개하는 플랫폼 시장도 커지고 있기 때문이다. 디지털 플랫폼 노동 실태를 분석한 한 자료에 따르면 남성 플랫폼 노동자는 61.5퍼센트, 여성 플랫폼 노동자는 38.5퍼센트로 조사됐다.[+]

물론 배달 플랫폼으로 분야를 한정하면 여성의 비율은 현저히 낮다. 배달 노동자의 노동 실태를 분석한 자료에 따르면 2020년 6월 기준 전국 배달 노동자의 성별 비율은 남성이 97.1퍼센트, 여성이 2.9퍼센트로 조사됐다.[++] 그래서인지 그간 언론에 등장하는 배달 노동자는 주로 남성이었다. 그러나 여성 배달 노동자가 점점 늘고 있는 건 분명하다. 배민커넥트의 도보 배달 홍보 영상에서도 여성을 등장시켜 주요 모집 대상이 여성임을 분명히 했고, SNS나 유튜브에서 "배민커넥트 후기" 등을 검색해 보면 여성 커넥터들의 후기가 수두룩했다.

[+] 한국노동사회연구소, 「디지털 플랫폼 노동 실태와 특징 II: 웹 기반, 지역 기반 규모와 실태」(2021/03/24). 남녀 간 임금 격차도 확인됐다. 플랫폼 노동자의 총소득을 보면, 여성(202.8만 원)이 남성(306.2만 원)보다 약 100만 원(33.8퍼센트) 정도 낮았다. 이는 남성이 압도적으로 많은 물류·운송 분야의 단가가 다른 분야보다 높기 때문이다.

[++] 「전국 배달 노동자의 노동 실태 분석과 정책 대안 마련을 위한 국회 토론회」 자료(2020/11/19).

B마트 선희 씨

대학생 김선희 씨(22, 가명)는 단기 알바로 배달의민족에서 운영하는 B마트에서 일한다. 그간 이것저것 해본 일은 많다. 커피점 아르바이트도 해봤는데, 코로나19 상황이 심각해지면서 그만둬야 했다. 아르바이트를 하러 알바몬 사이트에 들어가 보니 게시글의 70~80퍼센트는 라이더나 B마트·요마트의 비대면 배달 서비스 일이었다. 선희 씨는 B마트를 선택했다. 사람을 안 만나도 된다는 게 매력적이었다. 단순노동을 반복한다는 것도 스트레스가 덜할 것 같아 좋아 보였다.

B마트 일은 주 5일제에 하루 여덟 시간 근무인데, 시간대에 따라 오픈·미들·마감으로 나뉜다. 오픈은 말 그대로 B마트가 문을 여는 오전 8시부터 시작해서 오후 5시까지, 마감은 오후 4시부터 새벽 1시까지, 미들은 낮 12시부터 저녁 9시까지 일한다. 세 타임 근무는 로테이션으로 이루어진다. 시급은 최저임금이지만 주휴 수당과 야근 수당이 지급된다. 마감조는 자정 넘어 일이 끝나기 때문에 귀가길 직선거리가 1킬로미터가 넘으면 1만 원의 교통비를 지원한다. 그렇게 한 달 받는 돈은 오픈조를 기준으로 160만 원 후반 정도이나 마감조의 경우, 여기서 60~70만 원 정도를 더 받기에 서로 야간에 일하려 한다.

하지만 만만한 일은 아니다. 선희 씨와 함께 들어온 5명 중 3명은 3주 만에 그만뒀다. 사회적 거리 두기가 강화되고부터 주문량이 폭증했는데 그에 따라 B마트도 더 빠르게 운영돼야 했다. 문제는 늘어나는 주문만큼 인원이 충원되지 않는다는 점이다. 안 뽑는 게 아니라 뽑아도 금세 나간다. 그러다 보니 기존 노동자들이 하루에 두세 시간씩 연장 근무를 해야 한다.

B마트는 생각보다 무척 바쁘다. 주문이 들어오면 물건을 찾고, 상품 특성에 맞게 포장을 한다. 재고는 포장하려는 상품이 없을 때 채워 넣는 식으로 관리한다. 하루에 개인당 많게는 70~80개, 적게는 40개 정도의 주문을 받고 포장한다. 선희 씨는 하루 종일 서있는 게 가장 힘들다고 했다. 진짜 힘든 날에는 5분만이라도 앉았으면 좋겠다는 생각을 되뇐다.

최근 B마트가 많이 알려지면서 마지막 주문 시간인 밤 12시 직전에 주문이 쏟아진다. 그때는 정신이 아득해진다. 바쁠 때는 두세 시간 물도 못 마시고 포장에만 매달린다. 밀려드는 주문에 머릿속이 새하얘져도 손은 빠르게 움직인다. 그렇게 일하다 보니 선희 씨도 노하우가 생겨 일할 때는 반드시 바닥이 두툼한 스포츠 양말을 챙긴다. 오래 서있어야 하고 계속 걸어야 하기 때문에 발바닥과 종아리 같은 데 무리가 가는데, 그런 양말을 신으면 그나마 나았다.

작업장 내 공기도 선희 씨를 괴롭히는 요소 중 하나다. 처음에는 곳곳에 공기청정기가 있길래 괜찮겠거니 생각했다. 이것이 착각임을 깨닫는 데는 일주일도 걸리지 않았다. 상품과 사람들이 늘 들고 나는 창고라 먼지가 많을 거라 예상은 했지만 이 정도일 줄은 몰랐다. 아침에 출근해서 몇 시간만 일하면 눈이 뻑뻑해진다. 피부도 갖가지 트러블을 달고 산다.

선희 씨도 야간 근무를 가장 선호한다. 오픈 시간대는 상품을 입고하는 작업이 무척 힘들다. 탑차로 배달된 상품을 마트 안으로 옮겨서 진열해야 하는데 처음에 이 일을 하고는 며칠 동안 근육통으로 고생했다. 야간 근무는 밤늦게 일해야 한다는 점은 힘들어도 상하차가 없어서 다들 선호한다.

선희 씨가 이 일에서 만족스러운 점은 업무가 개별적이라는 것이다. 관리자나 동료와 함께하는 일이 아니라 개개인이 혼자서 맡은 일을 하는 식인데다, 직접 고객을 만날 일도 없으니 감정 소모가 없다. 작업이 단순한 것도 마음에 든다. 일하면서 음악을 듣는 이들도 있을 만큼 정신적으로는 크게 신경 쓸 일이 없다. 계약이 3개월 단위로 진행되는 점도 선희 씨는 좋다고 했다.

"예전 아르바이트 자리처럼 장기간 일한다고 거짓말할 필요가 없잖아요. 근래 고른 아르바이트 중에선 B마트가 제일 괜찮은 것 같아요."

N잡러 연두 씨

연두 씨(34, 가명)는 배우다. 대학에서 연극영화과를 졸업하고 배우의 길을 걷기 시작했다. 가족 뮤지컬을 주로 하다가 연극 쪽으로 방향을 튼 지는 몇 년 되지 않았다. 배우는 누군가 자신을 써주지 않으면 할 수 없는 일이다. 그래서 "배우들에게 아르바이트는 기본"이라고 연두 씨는 말했다. 그녀를 비롯해 배우 일을 하는 동료들은 모두 아르바이트를 한다. 인터뷰 날에도 그녀는 오전에 샌드위치와 커피를 배달하고 오는 길이라 했다.

배우인 연두 씨에겐 항상 다른 일감이 더 필요했다. 배우 일은 수입이 안정적이지 않고, 일이 없을 땐 1년 내내 놀 수도 있기 때문이다. 특히 코로나19가 유행한 뒤로는 원래 잡혀 있던 가족 뮤지컬 공연도 취소되고, 다른 설 자리도 없었다. 매달 고정적으로 나가는 월세, 생활비 등을 감당하기 위해선 다른 일을 할 수밖에 없었다. 그러나 정기적으로 출근하는 일은 불가능했다. 중간에 오디션도 봐야 하고, 그러다가 캐스팅이라도 되면 일을 그만둬야 하기 때문이다. 자연스럽게 단기 아르바이트 위주로 일을 하게 됐다.

배우들은 급하면 어떤 알바든 하는 것 같아요. 사실 숨만 쉬어도 80~90만 원이 나가니까 그걸 채우려면 어쨌든 뭔가는 해야 하거든요. 누가 "뭐 하면 10만 원 준대" 하면 "갈게, 갈게" 그렇게 되는 거죠.

인터뷰 당시(2021년 3월)에도 연두 씨의 직업은 네 가지가 넘었다. 첫째가 배우였고, 둘째는 배민커넥트 도보 배달원, 셋째는 대리운전 기사, 넷째는 여의도의 한 사무실에서 회사 주주들에게 전화를 돌려 주주총회 일정을 알리는 일이었다. 그리고 선배가 부업으로 하는 사무실에 가서 아르바이트를 했다. 그 선배는 '종이 가방 사장님'이 첫 번째 직업이고 배우가 두 번째 직업인데, 배우 후배들의 힘든 사정을 알기 때문에 후배들에게 아르바이트를 시킨다고 했다.

배민커넥트와 대리운전은 틈틈이 하고, 여의도 주주총회 전화 아르바이트는 2주간 동료 배우와 하루씩 번갈아 가며 한다. 연두 씨는 몇 년 전 푸드플라이를 통해 처음 배달일을 접했다. 푸드플라이는 지금은 서비스가 종료된 1세대 배달 플랫폼이다. 연두 씨가 처음 시도했던 건 오토바이 배달이었다. 그러나 '먹고살자고 하는 짓인데 이러다 죽겠구나' 하는 생각이 들어 며칠 만에 그만뒀다. 이후 배민커넥트가 생긴 뒤로는 자전거 배달도 그만두고 도보로만 일하고 있다.

연두 씨는 배민커넥트 일이 만족스럽다. "돈을 벌려는 목적은 아니고 운동이 목적"이라고 했다. 운동하는 김에 3000원 커피값이라도 버는 게 연두 씨에겐 좋은 일이었고, 그래서 배우 일을 하는 주변 지인들에게도 적극 추천했다. 연두 씨는 동네에 있으면 거의 배달앱을 켜놓는다.

요즘 들어 배민커넥트를 열심히 해요. 중독이 됐어요. 자전거로 배달할 때는 '오늘은 배달일을 해야겠다' 마음을 먹어야 했거든요. 그런데 도보는 진짜 부담이 없어요. 운동하러 나간 거잖아요. 산책하는데 그 시간에 돈이 들어오니까요.

밤에는 종종 남편과 함께 대리 기사 일도 한다. 이 역시 카카오 대리 플랫폼을 통해 이뤄진다. 처음 몇 번은 혼자 나갔는데, 밤늦게 집에 돌아오기가 마땅찮았다. 어느 날은 경기도 시흥까지 뛰어 3만 원을 벌었는데 버스가 끊겨 택시를 타는 바람에 1만 원 이상을 썼다. 그럴 바에야 둘이 나가는 게 좋겠다고 판단해, 연두 씨가 대리를 가면 남편이 차를 끌고 따라와 그녀를 태우고 나온다.

평소 긍정적인 성격이지만 속상할 때도 있다. 남편과 대리를 나가 12만 원을 번 날이었다. 마지막 대리운전에서 작은 사고가 났다. 연두 씨가 후진을 하다가 전봇대에 살짝 부딪힌 것이다. 차량에 작은 흠집이 났다. 카카오대리에서 빠지는 수수료에는 보험비도 포함돼 있기 때문에 연두 씨가 낼 금액은 최대 30만 원이었다. 연두 씨는 그 돈이 아까워 차주에게 "10만 원"을 제안했다. 차주는 20만 원을 요구했다. 남편은 "정당하게 보험으로 처리하자" 했지만 연두 씨는 "정당하거나 말거나 10만 원 아끼는 게 우선"이었다.

도보 배달을 하다가도 비슷한 일이 있었다. 사용하던 휴대폰이 배달 중에 갑자기 꺼져 버린 것이다.

스마트폰으로 지도를 보면서 가고 있는데 갑자기 화면이 번쩍, 하는 거예요. 가방엔 음식을 싣고 있었고 그다음 배달도 잡혀 있었어요. 너무 당황해서 근처 네일샵에서 전화기를 빌려 음식점에 전화하고, 배달지 주소 알아내서 외워서 갖다주고, 그다음 주문은 취소하고 해서 정리가 됐어요. 그런데 핸드폰을 고치러 갔더니 사망했다는 거예요. 쌩쌩한 폰이었는데… 중고로 40, 50만 원에 팔 수 있던 걸 6만 원에 팔았죠. 아르바이트를 이렇게 열심히 해도 허투루 돈 나갈 데가 계속 생기니 허탈하더라고요.

연두 씨가 보여 준 정산 내역서를 보니 그녀는 배민커넥터로 일주일에 10~20만 원 정도를 벌고 있었다. 인터뷰 시점을 기준으로 연두 씨의 월평균수입은 50만 원 안팎이었다.

"문 앞에 두고 벨 눌러 주세요"

2021년 3월, 우리가 만난 또 다른 배달 노동자 지연 씨(31, 가명)는 호텔조리학과를 졸업하고 스물두 살의 나이에 일식 음식점에서 주방일을 시작했다. 주 6일 근무에 월급은 130만 원이었다. 그러나 일이 너무 고됐다. 주방 막내여서 설거지도 하고 음식도 준비하다 보면 손이 남아나질 않았다. 하루는 습진이 심해 병원에 갔는데 의사가 물이 닿지 않도록 하라고 했다. 그렇다고 일을 관둘 수는 없었다. 결국 손에 걸린 습진이 손목까지 번져 진물이 나고 물집이 터졌다. 지연 씨는 도망치듯 일을 관뒀다. 이후 그녀가 선택한 건 판매직이었다. 손이 낫지 않아 주방일은 할 수 없었기 때문이다. 지연 씨는 경기도 평택, 서울 코엑스, 신도림 등 짧게는 수개월, 길게는 1년 넘게 판매직을 전전했다.

사무직에 지원해 봤으나 내성적인 성격의 지연 씨는 면접만 보면 떨어졌다. 이제는 오래 하던 판매직 생활도 접은 지 몇 년 됐다. 텃세와 차별 등 대인 스트레스가 컸기 때문이다.

이후 지연 씨는 되도록 사람을 직접 대면할 필요가 없는 일들을 택했다. 그중 하나는 재고 조사 업무였는데, 마트가 문을 닫는 시간에 가서 일을 했다. 보통 시즌과 비시즌이 나뉘어 10월~1월 정도가 바쁜

시즌이고, 그 이후로는 일감이 별로 없었다. 그 뒤로 지연 씨가 구한 일은 쿠팡이츠와 영어공부용 어플리케이션의 영업직이었다. 쿠팡이츠에서는 음식점주들에게 전화를 걸어 가맹을 맺도록 하는 일을 했고, 영어공부 앱에서는 전화로 콘텐츠를 판매하는 일을 했다.

그러나 이 역시 스트레스가 너무 컸다. 대리가 소비자와의 통화 내용을 듣고 있다가 말투를 지적하는 등 통제가 심했고, 성과 압박도 상당해 결국 그 일도 그만뒀다. 그 이후로도 스티커 붙이는 아르바이트, 화장품 포장 아르바이트, 택배 분류 아르바이트, 호텔 서빙 아르바이트 등 안 해본 아르바이트가 없었다.

인터뷰 당시 지연 씨의 직업 역시 N개였다. 첫 번째는 한 인터넷 쇼핑몰 콜센터 일이었다. 매주 평일, 오후 6시부터 10시까지 일한다. 그리고 두 번째는 배민커넥트 도보 아르바이트였는데, 콜센터에 출근하기 전까지 보통 오후 시간에 배달을 한다. 또 음식점을 맛집으로 광고해 주는 네이버 블로그와 인터넷 쇼핑몰도 운영하고 있다. 배민커넥트 일은 지연 씨에겐 적당한 일이었는데, 콜센터가 매일 저녁 6시 출근이라 다른 단기 아르바이트는 불가능했기 때문이다. 보통 호텔 일일 서빙 등의 단기 아르바이트가 단가는 세서 하루에 7~8만 원 정도를 벌 수 있지만, 대부분이 오전 9시부터 오후 6시까지 하는 일이라 콜센터 출근 시간을 맞출 수 없었다. 이와 달리 배민커넥트는 지연 씨가 일할 수 있는 시간에만 할 수 있다는 장점이 있었다. 도보 배달을 할 때 지연 씨는 보통 배민커넥트와 쿠팡이츠 앱을 동시에 켜놓고 더 나은 건을 골라잡는다. 그러나 한번은 이런 일도 있었다.

최근에 배민커넥트로 먼저 배달을 잡고 그다음에 쿠팡이츠로 배달을 잡았어요. 위치가 가까워서. 동선상 먼저 배민커넥트 배달을 갖다주고 쿠팡이츠 배달을 가려고 했어요. 근데 "뭐 하세요?" 하고 문자메시지가 오는 거예요. 보니까 손님은 아니고 가게더라고요. 매장에서 왜 이상한 데 가있느냐고, 배달하는 집이 가게 맞은편인데 왜 다른 데 가있느냐고 문자가 온 거예요. 그래서 "제가 길을 헤맨 것 같네요" 하고, 손님한테도 "늦어서 죄송합니다" 했죠.

지연 씨는 가게 주인이 자신의 동선을 다 체크하고 있다고 생각하니 "기분이 썩 좋지는 않았다"면서 배달을 마친 후 해당 번호의 수신을 차단했다고 했다. 여성 배달원으로서 겪는 고충도 있었다.

당연히 남자 배달원인 줄 알고 대충 입고 나오거든요. 웃통을 벗은 채로 나오거나 팬티만 입고 나온 남자들이 당황하는 거예요. 저도 처음에는 당황했는데 이제는 익숙해졌어요. 주택가는 밤에 불이 안 켜진 데가 많은데 그런 것도 이젠 많이 적응이 됐어요.

갖가지 일을 전전하다 이제는 콜센터 일과 도보 배달일에 정착한 지연 씨는 N잡러의 삶에 만족하는 듯했다.

웬만하면 스트레스 안 받고 일하고 싶어서 이렇게 여러 일을 하게 됐어요. 그 대신 제가 원 잡으로 돈을 많이 버는 게 아니잖아요. 원 잡을 하면 그래도 기본급이 좀 나오지만 N잡러는 그만큼 여러 일을 해서 소득을 일정 수준 유지해야 되는 거라 체력적으로 좀 힘들죠. 그래도 예전보다 스트레스는 덜 받는 것 같아요.

하지만 요즘 지연 씨에겐 걱정거리가 하나 있다.

쿠팡이츠는 너무 어이가 없는 게, 웬만하면 배달의민족이랑 건당 배달 단가를 맞춰 줘야 되거든요. 배달의민족도 이제 거리가 짧아지면 2900원까지 내려가는데 쿠팡이츠는 2500원까지 내려가요. 쿠팡이츠에서 애초에 배달 프로모션을 너무 많이 뿌린 거죠. 제가 처음에 쿠팡이츠로 제일 많이 받은 게 한 건당 1만 원이었거든요. 배달의민족은 배달료를 슬며시 낮춘 건데도 욕을 먹었는데, 쿠팡이츠는 이렇게 확 낮춰 버리니까⋯. 이제는 배달의민족이랑은 비교가 안 돼요.

지연 씨는 사람들이 배달을 시키며 라이더에게 "조심히 안전하게 와주세요"라는 메모를 남기는 건 하나도 고맙지 않다고 했다. "조심히 안전하게 와주세요"는 배달의민족 앱을 이용할 때 라이더에게 남기는 요청 사항으로 기본 체크되는 옵션이다(다른 옵션으로는 "문 앞에 두고 벨 눌러 주세요", "벨 누르지 말고 노크해 주세요", "도착하기 전에 전화해 주세요", "요청 사항 없음", "직접 입력"이 있다). 그녀는 이 가운데 "문 앞에 두고 벨 눌러 주세요"가 가장 좋다고 했다. 안전하게 와달라는 메모 한마디 남긴다고 조금이나마 라이더들을 위한다고 생각했던 나는 그 말을 듣고 속이 뜨끔했다.

대리 기사 현정 씨

올해 예순셋에 대리앱 플랫폼을 통해 대리운전을 하고 있는 김현정 씨는 20년 가까이 대리 기사 일을 해온 베테랑이다. 현재는 주로 일산 지역에서 오후 7시부터 새벽 두세 시까지 일한다. 휴대전화 앱에서 '온'on 버튼을 누르면 그날 대리 기사를 콜한 손님들의 전화번호와 위치, 금액 등이 뜬다. 김현정 씨는 이 가운데 자신이 원하는 것을 선택할 수 있고, 플랫폼에서는 그 대가로 20퍼센트의 수수료를 떼간다. 대리비 2만 원을 받으면 4000원을 제하는 식이다.

새벽 두세 시에 끝나는 일이기 때문에 집으로 돌아가는 게 가장 큰 문제인데, 현정 씨는 대리 기사들만 타는 셔틀버스를 이용한다. 대리 기사들을 상대로 대중교통이 끊긴 시간에 노선을 정해서 운영되는 승합차라고 보면 된다. 예를 들어 서울 마포 가든호텔에서 대리일이 끝났는데 일산 집으로 가고 싶다면, 강남에서 출발해 일산으로 가는 노선의 셔틀버스에 전화를 한다. 그러면 버스가 정해진 장소에 서있는 현정 씨를 태우는 식이다. 한 번 타는 데 3000원이 드는데, 한 달치를 미리 내는 경우가 많다(이를 이용한 사기도 많아 갑자기 운행을 중단하는 일이 종종 있다).

베테랑인 현정 씨에겐 까칠한 고객을 대하는 나름의 원칙이 있다.

제가 손님을 조수석에 태우고 운전석에 앉잖아요. 그러고 보통 "의자와 사이드미러를 맞추겠습니다" 이렇게 말하거든요. 근데 까칠한 분들은 "내일 아침에 맞추기 귀찮으니 의자만 조절하세요" 이래요. 더 까칠한 사람은 "아무것도 손대지 말고 그냥 가세요" 이럽니다. 만약 아무것도 손대지 말라고 하면 저는 운전을 거부하고 내려요. 이런 분 상대로 대리를 하면, 운전 내내 별의별 소리를 다 듣거든요. 차라리 시간 손해 본 걸로 하고 정신 건강 지키는 게 더 이익이에요.

어떤 손님은 시동을 걸자마자 하인 부리는 듯한 태도가 되기도 한다. 신발을 벗고 콘솔 박스에 다리를 걸치고는 "출발"을 외치는 이도 있었다. 반말은 기본이고, 주차까지 다 마쳤는데 앞바퀴가 약간 틀어졌다며 일자로 해달라는 손님도 있었다. 하지만 이럴 땐 보통 두말 없이 따랐다. 평점 테러를 당할 수 있기 때문이다.

현정 씨가 대리운전을 시작한 것은 2000년, 남편의 사업이 기울어지면서부터였다. 시작부터 쉽지 않았다. 당시만 해도 여성 대리 기사는 극소수였고, 남편이 극구 반대하며 말렸다.

"창피하다, 쪽팔리다" 그러면서 하지 말라는 거예요. 이해할 수 없었어요. 내가 나쁜 짓 하는 것도 아닌데, 일하는 게 뭐가 문제냐. 그렇게 쏘아붙였죠. 지금도 여전히 부끄러워하는 마음이 있어요. 아직 대리 기사를 보는 눈이 그런 것 같아요. 얼마 전에 초등학교 동창 모임에 갔는데, 제가 대리 한다고 하니 다들 깜짝 놀라더라고요. "대단하다. 남자들이 질척거리지 않냐" 묻더라고요. 그때 회사에서 은퇴한 친구가 자기도 해보고 싶다면서 어떻게 해야 하느냐고 묻더라고요. 잘 설명해 줬죠. 그 친구도 지금 대리운전 하고 있어요.

현정 씨도 처음에는 이 일이 부끄러웠다고 한다. 아는 사람을 만나면 어쩌나 싶기도 했다. 처음에는 일부러 구두에 정장을 입고 출근했다. 업체에서 그런 복장을 요구한 것은 아니었지만 스스로가 손님에게 예의를 갖춘다고 궁리해 낸 것이었다. 자기 자신에 대한 다짐이기도 했다. 대리운전을 한다고 가볍게 보이고 싶지 않았다.

일을 시작할 당시만 해도 대리운전 앱 같은 건 없었다. 지역별로 대리운전 업체가 포진해 있었고, 현정 씨도 집 근처 대리운전 사무실을 찾아가 일을 시작했다. 말이 좋아 사무실이지, 책상 하나와 전화기 한 대가 전부인 곳이었다.

저녁 8시까지는 무조건 사무실로 출근했어요. 더 일찍 오는 사람들도 있었죠. 직원이 20명 정도 됐는데, 사무실 오는 순서대로 콜을 배정했거든요. 첫 콜이 빠르면, 그날은 건수가 더 많아질 수 있잖아요.

콜을 빨리 받는 다른 방법도 있긴 했어요. 대리 업체는 음식점이나 노래방 사장들에게 잘 보여야 해요. 거기서 손님들에게 대리를 불러 주니까요. 그러다 보니 음식점 사장들이 저녁 피크 타임 때, 대리 업체에 발레파킹을 요구하는 경우가 많았어요. 손님 몰릴 때 한 시간 정도 주차 업무를 봐달라는 거죠. 그러면 업체에서는 대리 기사에게 그 업무를 맡겨요. 대신 그 음식점에서 받는 콜은 발레파킹한 기사에게 무조건 줬죠. 그게 보상이었어요. 그런데 발레파킹은 여자한테는 절대 안 주더라고요. 물론 남자도 하고 싶다고 할 수 있는 일은 아니었죠. 대리 업체 사장 눈에 드는 기사들, 업체에 충성도 높은 이들만 할 수 있었어요.

업체에서는 저녁 8시보다 더 빨리 출근하기를 원했다. 낮술이라도 마신 고객이 대리를 부를 수 있기 때문이다. 사실상 업체에 매인 신분이었다. 고객을 집까지 데려다준 후엔 반드시 동선도 보고해야 했다. "○○ 지역에 있습니다" 이런 식으로 자신의 위치를 알려야 하는 것이다. 그때도 건당 수임을 받는 '사장'이었으나 현실은 그렇지 못했다. 대리 업체와 계약을 맺은 동네 주점, 노래방까지 신경 써야 했고, 사탕과 명함을 들고 식당, 노래방을 돌아다니며 대리 업체를 홍보하는 일까지 했다. 저녁이면 길거리에 현수막을 걸고, 새벽이 되면 걷는 일도 있었다. 이런 일을 하지 않으면 업체에서는 콜로 장난을 쳤다.

그래도 가계에 보탬이 되었기에 일은 계속하고 싶었다. 그러나 계속 대리일을 마뜩잖아 하는 남편 때문에 결국 그만두고 사우나 매점 일을 시작했다. 하지만 매점 일은 더 힘에 부쳤다. 아침 8시에 출근해서 사우나가 문 닫는 시간까지 매점을 지켜야 했고, 1년에 쉬는 날은 명절날 하루뿐이었다. 주말에는 무조건 문을 열어야 했기 때문에 친구와 밥 한 번 먹지 못했다. 수입도 대리운전 때보다 변변찮았다.

결국 현정 씨는 매점 일을 접고 다시 대리일로 돌아왔다. 그사이 대리운전 업체는 대부분 사라졌고, 대신 대리앱이 빈자리를 채웠다. 대리앱은 이전 대리 업체와 비슷하면서도 달랐다. 일단 출퇴근을 강요하지 않았다. 알아서 하라는 식이었다. 식당을 돌아다니며 명함을 돌리라고도 하지 않았다. 수수료도 내렸다. 무엇보다 자기가 원하는 콜을 선택할 수 있다는 게 큰 장점이었다. 이전에는 업체에서 지정해 주는 '깜깜이' 콜을 꼼짝없이 받아야 했는데, 이제는 고객의 목적지, 거리, 대리비 등을 먼저 확인한 뒤 갈지 말지 결정할 수 있었다.

물론 제재가 없는 건 아니었다. 보통 대리 기사가 콜을 선택하면, 언제 도착할지 등을 설명하기 위해 고객과 통화를 해야 한다. 그런데 만약 그러고 나서 기사가 콜을 취소할 경우, 대리앱에서는 30분간 화면을 블라인드 처리하고 500원의 페널티를 부과했다. 또 이런 일이 3회 이상 반복되면 일정 기간 앱에 대한 접근 권한 자체를 박탈했다.

인공지능 알고리즘이 도입되고 생긴 문제도 있다. 대리앱에 뜨는 콜 정보에는 고객과 대리 기사 간의 거리도 명시돼 있다. 대리 기사는 이를 기반으로 고객에게 대략 몇 분이 걸릴 테니 기다려 달라고 전화를 한다. 문제는 앱에서 제시하는 시간이 실제 걸리는 시간보다 항상 짧다는 것이다. 앱에서 고객과의 거리가 1킬로미터라고 해서 걸어가면, 손님은 이미 다른 대리앱을 이용해 자리를 뜨고 없는 경우도 비일비재했다. 현정 씨도 초반에는 이 때문에 꽤나 골탕을 먹었다.

한번은 콜을 받고 갔는데, 고객이 사라진 뒤였다. 대리앱 쪽에 연락하니 현정 씨가 늦어서 고객이 취소했다고 했다. 고객이 있던 장소는 금방 갈 수 없는 외진 곳이었지만 이유 불문이었다. 게다가 대리앱에서는 이를 "완료"로 처리해 5000원의 수수료까지 떼갔다. 화가 났지만 참을 수밖에 없었다. 상담사에게 문제를 제기하나 앱에 '락'이라도 걸어 버리면 답이 없기 때문이다.

그래도 현정 씨는 10여 년 전 대리 업체에서 일할 때보다 지금이 더 자유롭다고 생각한다.

> 단가가 낮아졌다는 게 단점이긴 해요. 카카오 대리앱이 나오면서 경쟁이 붙었거든요. 대리운전으로 '투 잡' 하는 분들이 많아졌어요. 경쟁이 많아지니 자연히 대리비는 제자리걸음이죠. 그래도 예전보다 좀 더 체계적이고 갑질도 사라졌어요. 구속도 적어졌죠. 적어도 명함 돌리라고는 안 하잖아요.

청소앱 노동자 선향 씨

그날 시계를 보니 오전 9시가 다 되어 가고 있었다. 한 플랫폼 앱을 통해 내가 예약한 청소 시간은 오전 8시 30분. 3만4200원짜리 두 시간 청소였다. 시간당 돈이 지불되는 서비스의 성격상 청소 직원이 늦는다는 건 예상 밖의 일이었다. 게다가 5분, 10분 정도도 아니고 30분이 지나도록 오지 않다니! 설마 늦잠을 잔 걸까? 혹시 오다가 불미스러운 사고라도 당한 걸까? 언짢은 마음과 걱정스런 마음 사이를 오락가락하며 그녀를 기다렸다. 고객인 내가 오기로 한 직원에게 연락할 방법은 없었다. 플랫폼은 직원의 연락처를 소비자에게 가르쳐 주지 않는다. 문의 사항이 있으면 플랫폼에 연락하는 수밖에 없다.

앱에 접속해 "실시간 문의" 버튼을 눌렀다. 메신저 창이 떴다. "8시 반에 청소를 예약했는데 아직까지 직원 분이 안 오시네요"라고 쓰다가 지웠다. 혹시나 직원에게 불이익이 될까 걱정이 됐다. 실제 무슨 일이 생긴 거라면 플랫폼 회사도 알아야 할 것 같아서 "오늘 8시 반에 예약한 사람입니다"라고만 메시지를 보냈다. 그래 봤자 답은 오지 않았지만.

9시 10분쯤 됐을까. 문밖에서 낯선 사람이 통화하는 소리가 들리더니 현관문을 두드렸다. 문을 여니 말끔한 차림의 중년 여성이 아주 난처한 표정으로 서있었다. "앱이 고장 나서…." 그녀는 나에게 전화를 좀 받아 보라며 본인의 스마트폰을 내밀었다. 수화기 너머 자신을 플랫폼 회사 직원이라고 소개한 사람은 자사 앱에 갑자기 오류가 생겨 발생한 일이라면서 사과하고 청소 시간은 연장해 주겠다고 했다.

선향 씨(65, 가명)는 한 시간 정도 근처를 헤맸다. 가야 할 주소를 알려 주는 플랫폼 앱이 완전히 먹통이 됐던 것이다. 그녀는 기억을 더듬어, 전날 얼핏 봤던 주소지 인근까지는 용케 찾아왔다. 그러고 나선 아무래도 방법이 없어 플랫폼 회사에 수십 번이고 전화를 했는데, 한 시간이 지나서야 통화가 됐다고 한다. 앱은 먹통이고 소비자에게 직접 전화할 방법도 없는데 플랫폼 회사도 전화를 안 받으니 선향 씨는 내내 가슴이 두근거렸다고 했다.

그녀는 원래 서울의 한 막창집에서 주방일을 했다. 중국 동포로 한국에 온 지는 10년쯤 됐다. 그런데 코로나19가 유행하기 시작하면서 식당일을 나가는 횟수가 일주일에 한두 번으로 대폭 줄어 버렸다. 그나마도 오래 함께한 식당 주인이 정을 봐서 불러 주는 것 같았다. 주인도 코로나 사태 이후 손님이 끊겨 있던 직원들도 다 내보내고 대부분의 시간은 혼자 일하고 있었다. 그리고 잠깐 바쁠 때만 선향 씨를 불러 일을 시켰다. 아들 둘은 지방에 살고, 선향 씨는 남편과 둘이 서울에 살며 생활비를 번다.

수입이 줄자 선향 씨가 찾은 건 가사 노동이었다. 한국에 와서 했던 일이 파출부 아니면 식당 일이었으니 자연스러운 수순이었다. 플랫폼을 알게 된 건 지하철역에서 우연히 만난 "윤 씨 언니" 덕분이었다. 아마 "일꾼을 데려오면 1만 원 주는 것" 때문에 자신을 데려간 것 같다고 선향 씨는 생각했다. 그렇게 선향 씨는 플랫폼 회사에 가서 스마트폰에 앱을 설치하고, 사용법을 배우고, 가사 노동 교육을 받았다.

식당 일이 없을 때는 보통 하루에 두 건씩 청소 일을 한다. 오전에 하나, 오후에 하나 정도를 소화하는 일정이다. 두 시간부터 네 시간까지 시간은 다양하다. 그날, 우리 집을 두 시간 청소하고 선향 씨가 받아 가는 돈은 2만3000원이 조금 안 된다고 했다. 내가 플랫폼에 지불하는 금액은 3만4000원 정도였으니, 수수료로 약 30퍼센트를 떼어가는 셈이다. 선향 씨는 그전엔 파출부 일을 했다. 그때 선향 씨가 받은 돈은 네 시간에 5만 원이었고, 그중 인력 사무소가 떼간 수수료는 5000원이었다. 그때와 비교하면 수수료는 훨씬 비싸진 것이다.

그래도 이제는 스마트폰으로 일감을 잡는 데 제법 능숙하다.

한번은 서울 강남 쪽에 네 시간짜리 청소 일이 있어서 잡고 갔어요. 그런데 알려 준 번호를 아무리 눌러도 현관문이 안 열리더라고. 그래서 플랫폼 쪽에 전화도 해보고, 고객님한테도 전화를 해봤는데 받지를 않아요. 플랫폼에서는 내가 뭘 잘못 누르는 거라고 하는데, 아니었거든요. 그래서 한참을 기다리다가 도무지 들어갈 방법이 없어서 청소가 취소됐어요. 그거 한다고 그날 다른 청소 일정을 못 잡았는데, 가기만 하고 허탕을 친 거죠. 지하철을 타고 다시 집으로 오려는데 마침 근처에 당일에 올라온 청소 일정이 있더라고. 아이, 잘됐다! 하고 냉큼 잡았어요. 그래서 그날 청소를 하고 돌아오긴 했어요.

선향 씨에겐 '왜 플랫폼이냐' 하는 질문은 의미가 없었다. 식당 일이 코로나19 때문에 제법한 수입이 되지 못하니, 생활비를 벌기 위해서는 다른 일을 해야 했고, 이제는 '대세'가 된 플랫폼에 정착했을 뿐이다.

라이더는 사장님

2019년 여름, 취재를 위해 서울 송파구에 있는 주식회사 우아한형제들 본사를 방문한 적이 있다. 사옥은 넓은 대로변, 송파구 한복판에 자리 잡고 있었다. 규모가 작은 기업을 취재할 때는 가끔 동행한 영상취새 기자와 서로 "여기야?" "저긴가?" 하며 헤매는데, 배달의민족을 만든 우아한형제들을 방문했던 날은 그럴 필요가 전혀 없었다. "아, 저기다!" 멀리서부터 목적지가 눈에 들어왔다. 고층빌딩 꼭대기에 "우리가 어떤 민족입니까"라고 쓴 번듯한 간판이 너무나 분명히 말해 주고 있었다.

건물 내부도 깔끔했다. '배민체'(배달의민족이 자체 개발한 폰트)의 캘리그래피 인테리어가 곳곳에 배치되어 있어 잘 관리된 인상을 풍겼다. 인테리어라고는 부장 책상 밑에 놓인 조그만 화분들과 정체 모를 대형 식물 몇 가지가 전부인 언론사 사무실과는 전연 달랐다. 솔직히 말하자면 거기서 일하는 사람들이 부러웠다. '젊은' 주식회사 우아한형제들을 마주한 첫인상은 그랬다.

우아하고 화려한 우아한형제들 사무실을 보면서 자연스럽게 전에 취재차 방문했던 한 배달 대행업체의 수도권 지사가 떠올랐다. 10평도 채 안 될 것 같은 좁은 공간이었는데, 바깥엔 오토바이가 여러 대 주차돼 있었고 내부엔 큰 테이블이 하나, 그리고 테이블을 둘러싼 소파와 의자들이 널브러져 있었다. 큰 테이블에는 배달을 나갈 때 쓰는 헬멧 같은 장비에서부터 펜, 종이 같은 것들이 아무렇게나 흐트러져 있었고 바닥에는 슬리퍼와 운동화가 굴러다녔다. 소파 위의 방석은 얼룩덜룩 때가 묻어 있었다. 지친 라이더들이 쉬다 가는 공간은 그런 모습이었다.

주식회사 우아한형제들의 사옥을 뒤로하고 나오는 길에 머릿속

© 뉴스타파

에 남은 질문은 이런 것이었다. '그래서 우아한형제들은 배달 회사야? IT 회사야?' 우아한형제들은 스스로를 IT 회사로 꾸미고 있었다. 김봉진 의장은 배달의민족을 "푸드 테크" 회사라고 불렀다.[+] 업계 1위를 달리는 기술적이고 창의적인 회사. 그것이 우아한형제들의 모습이었다. 하지만 좁고 지저분한 곳에서 지친 몸을 잠시 뉘었다 가는 땀내 나는 라이더들이 없으면 배달 플랫폼 사업 자체가 불가능하지 않은가. 송파구 한복판, 잘 관리된 건물의 세련됨은 그래서 더욱 이질적으로 느껴졌다.

꼭 우아한형제들만 그런 건 아니었다. 우리가 배달 노동자의 산업재해 문제를 처음 취재하기 시작했던 2019년, 요기요 소속 라이더들은 본사 앞에서 종종 노동 실태를 고발하는 기자회견을 열었다. 요기요 본사는 서울 서초역 인근의 대형 빌딩 안에 입주해 있었는데, 1층 입구에서부터 경계가 삼엄해 사무실 입구조차 구경할 수 없었다. 그해 8월, 요기요 소속 라이더들은 요기요 측에 대화를 요구하는 "대화 요청서"를 들고 본사를 찾았지만 1층에서 가로막혔다. 요기요 본사와 우아한형제들 본사 모두, 배달 플랫폼을 운영하지만 배달과는 아무런 관련이 없다는 듯한 모습이었다.

한때 '철가방'이라 불리기도 했던 배달 노동자들은 이제 '라이더'라 불리고 법적 지위는 '사장님'이다. 적어도 이름만큼은 나아진 걸까. 앞서 만난 60대 가사 노동자 역시 플랫폼 노동자가 되면서 자유롭게

[+] https://platum.kr/archives/54732

일하는 '사장님'이 됐다. 대리 기사님 역시 사장님이다. 그러나 누군가는 한 가지 일로는 생활이 불가능해서, 누군가는 다른 직업이 있지만 돈벌이가 되지 않아서, 누군가는 수천 만 원의 신용 대출을 갚을 길이 없어서, 또 누군가는 적은 월급을 받아 가며 이리 치이고 저리 치이는 삶이 싫어서 플랫폼 노동자가 되었다. 내 한 몸 건사할 만한 직장 하나 갖기 힘든 사회, 단내 나는 노동을 열정과 노력으로 포장하는 사회, 그렇게 열심히 일해도 한 치도 나아지지 않는 현실을 플랫폼 기업은 먹고 자라고 있었다.

3

민준이의 죽음,
그리고 그 후

26인의 사라진 청년들

2019년에 오토바이 배달로 사망한 청년층이 많다는 걸 알고 나서 우리는 먼저 고용노동부가 해당 시기에 작성한 중대 재해 보고서를 찾아보았다. 하지만 보고서는 단 한 건에 불과했다. 오토바이 사고는 교통사고라는 이유로 산업안전보건법(이하 '산안법') 위반 조사에서 배제돼 있었기 때문이다. 그나마 작성된 한 건은 노동자가 헬멧을 쓰지 않은 채 사고를 당한 사건으로 사업주에게 일정 부분 책임이 있었다. 그러나 이 사건에서도 업주가 받은 처벌은 "벌금 300만 원"의 약식기소에 불과했다.

다른 방법을 찾아야 했다. 이번엔 근로복지공단이 작성했을 재해 조사서를 찾아보았다. 오토바이 배달을 하다 사망해도 산재를 인정받았다면 조사서가 있을 터였다. 하지만 자료를 가지고 있을 고용노동부는 "개인 정보"라는 이유로 우리의 정보공개 요청을 거부했다.

남은 건 국회였다. 당시 더불어민주당 한정애 의원실의 도움으로 우리는 2016~18년(산재 인정 시기 기준) 오토바이 배달을 하다 사망한 18~24살 청년 26명의 조사서를 받을 수 있었다.

이 자료를 받고 가장 당황스러웠던 점은, 죽은 청년들이 일을 시

표 1 18~24세 교통사고 산재 사망자 개요(2015~18년)

	이름	나이	사업장	사업장 주소	직종	고용 일자	재해 일자	고용 형태	하루 평균임금
1	김OO	20	OO치킨	강원도 원주	배달원	2015/08/17	2015/08/21	임시 비정규직	35000
2	김OO	19	O푸드	경북 칠곡	음식 서비스 종사자	2015/08/28	2015/08/28	일용직	미표기
3	김OO	18	OO어디가	서울 중랑구	퀵서비스 기사	2015/07/21	2015/10/09	임시 비정규직	45000
4	윤OO	23	O르미 퀵서비스	경남 거제시	퀵서비스 기사	2015/10/26	2015/10/29	일용직	45000
5	이OO	18	OO돌이	경기 수원시	퀵서비스 기사	2015/08/10	2015/11/20	일용직	45000
6	황OO	19	OO치킨	서울 서대문구	배달원	2015/11/12	2015/12/22	일용직	49000
7	안OO	21	OO운수	대구 북구	자동차 운전원	2015/09/10	2016/02/17	임시 비정규직	65617
8	문OO	18	OO터치	경북 상주시	배달원	2016/05/29	2016/05/29	일용직	65700
9	박OO	20	OO동부	서울 중랑구	배달원	2016/07/06	2016/07/06	임시 비정규직	42000
10	나OO	23	OO치킨	광주 서구	배달원	2016/02/27	2016/07/11	상용 정규직	72267
11	서OO	21	OO치킨	전남 광양시	음식 관련 단순 종사원	2016/07/31	2016/07/31	일용직	32500
12	방OO	21	OO치킨	경남 김해시	배달원	2016/04/04	2016/11/20	임시 비정규직	68461
13	정OO	23	OO치킨	전남 나주시	배달원	2017/03/01	2017/05/21	상용 비정규직	63000
14	홍OO	18	OO치킨	전북 전주시	배달원	2017/05/24	2017/09/17	상용 비정규직	28152
15	이OO	19	O갓집	서울 관악구	배달원	2015/12/14	2015/12/15	일용직	56000
16	장OO	23	O다배달	대구 달서구	퀵서비스 기사	2017/02/22	2017/02/22	상용 비정규직	48466
17	홍OO	20	OO치킨	광주 동구	배달원	2017/04/01	2017/04/11	일용직	35040
18	남OO	21	OO콜	충남 아산시	퀵서비스 기사	2016/07/09	2017/06/07	임시 비정규직	48466
19	이OO	23	버거O	경남 김해시	주방장및 조리사	2017/09/11	2017/09/23	임시 비정규직	25800
20	김OO	18	OO치킨	경기 남양주시	배달원	2017/10/06	2017/10/09	임시 비정규직	48000
21	김OO	24	OO치킨	경기 성남시	배달원	2017/12/19	2018/01/10	일용직	36500
22	이OO	18	OO치킨	전북 전주시	배달원	2018/01/28	2018/02/24	임시 비정규직	93381
23	석OO	23	OO치킨	경기 광주시	배달원	2018/01/30	2018/03/02	상용 정규직	106139
24	김OO	18	OO족발	제주 제주시	음식 관련 단순 종사원	2018/04/05	2018/04/08	임시 비정규직	50000
25	손OO	18	피자O	경기 시흥시	음식 관련 단순 종사원	2018/06/26	2018/09/04	상용 비정규직	35309
26	임OO	20	OO통닭	경북 경산시	배달원	2017/09/02	2018/09/09	상용 정규직	48913

작한 시점과 사망 재해 시점이 거의 차이가 없다는 점이었다. 일을 시작한 당일에 죽은 이들이 셋이나 됐고, 이틀째 죽은 이들도 마찬가지로 셋이었다. 일한 지 보름도 안 돼 죽은 노동자가 전체 26명 중 절반에 가까운 11명(42퍼센트)이었다.

산업재해는 대체로 익숙하지 않은 공간에서 발생한다. 낯선 작업 현장에서는 실수가 나올 수밖에 없다. 그래서 신입에게는 안전 교육을 비롯한 교육 기간이 필요하다. 그러나 이런 절차는 전무하다시피 하다. 어느 오토바이의 브레이크가 잘 안 듣는다든지, 어느 길에서는 갑자기 튀어나오는 차를 조심해야 한다든지, 이런 선임의 조언조차 기대할 수 없는 게 배달일이다. 대부분은 헬멧을 쓰고 천천히 운전하라는 식의 형식적인 말만 듣고는 바로 업무에 투입된다. 영세 사업장에서 그런 교육을 하기는 쉽지 않은 현실적 한계도 있다. 실제로 18~24세 사망자가 일하던 사업장 대다수는 '5인 미만 사업장'이었다.

100쪽 정도의 조사서에 나타난 26건의 죽음을 정리하면 〈표 1〉과 같다. 각각의 사고 경위를 살펴보면 다음과 같다.

1. 김○○(20세). 치킨 배달 뒤 가게로 복귀하던 중 좌회전하는 차량에 치여 즉사.

2. 김○○(19세). 배달 아르바이트를 하겠다고 찾아온 첫날, 사장은 일을 할 수 있는지는 갔다 와서 결정하겠다며 배달을 내보냈다. 김 군은 배달 중 신호 대기 중인 차량 뒷부분에 충돌해 도로로 떨어지면서 머리에 부상을 입고 사망.

3. 김○○(18세). ○○치킨에서 음식을 픽업해 가던 중 중앙선을 침범해 가다가 불법 유턴하던 택시 측면과 충돌해 사망.

4. 윤○○(23세). 일한 지 나흘째 ○○버거와 ○○왕족발에서 음식을 픽업 후 신호를 위반해 좌회전하던 중, 직진 차로에서 과속으로 진행하던 상대방 승용차와 추돌해 사망. 주급으로 콜당 3000원을 받았으며, 여기서 수수료 10퍼센트가 제외됐다.

5. 이○○(18세). 치킨을 배달하던 중 사거리 신호등에서 직진하다 황색 신호에서 좌회전하던 택시와 충돌해 사망.

6. 황○○(19세). 배달 중 가로수를 들이받고 사망. 업주는 배달 업무가 필요할 때만 일주일에 2, 3회 정도 일용직으로 고용해 시급 7000원을 지급했다.

7. 안○○(21세). 군 입대 전 배송 업무를 하는 아버지 회사에서 화물차를 운전하다 앞차와 충돌해 사망. 입대 전 여러 곳에서 아르바이트 자리를 찾았으나 구할 수 없어 아버지 업체에서 일을 했다.

8. 박○○(18세). 채용 당일, 배달 후 사업장으로 돌아오던 중 노상에서 좌측으로 전도되어 넘어진 후 미끄러지다가 도로 우측에 불법 주차된 차량 후미에 충돌해 사망.

9. 박○○(20세). 출근 첫날인 2016년 7월 6일, 인근 매장에서 과자를 픽업하러 오토바이를 타고 가던 중 차량과 부딪혀 사망. 대학생으로 2014년부터 방학 때마다 아르바이트를 해왔다.

10. 나○○(23세). 배달을 마치고 사업장으로 복귀하던 중 사업장 맞은편 도로에서 중앙선을 넘어 들어오다 반대편에서 직진 중인

오토바이와 부딪혀 사망.

11. 서○○(21세). 배달을 마치고 돌아오던 길에 편도 3차로 중 좌회전 포켓 차로를 따라 신호를 위반해 진행하다가 맞은편에서 유턴하던 차량과 충돌해 사망.

12. 방○○(21세). 치킨 배달 중 황색 신호에 진입한 상대 차량과 추돌해 사망.

13. 정○○(23세). 배달을 마치고 복귀하던 중 교차로 사거리에서 신호를 위반해 직진하다 전방에서 좌회전하던 차량과 충돌해 사망.

14. 홍○○(18세). 치킨을 배달하다 우측 경계석에 부딪혀 사망.

15. 이○○(19세). 일을 시작한 지 이틀 만에 집으로 귀가 중 불법 주차 중인 트럭과 충돌해 사망.

16. 장○○(23세). 배달할 음식을 받아 아파트로 이동 중 사거리에서 화물차와 충돌해 사망.

17. 홍○○(20세). 수리된 오토바이를 찾아 가게로 오던 중 중앙선을 침범해 직진하다 마주 오던 차량과 충돌해 사망.

18. 남○○(21세). 배달을 마치고 복귀하던 중 교차로에서 다른 오토바이와 부딪혀 사망.

19. 이○○(23세). 회식이 끝나고 회사 대표 차를 타고 집으로 가던 중, 운전을 한 대표가 급히 핸들을 틀다 가로수를 들이받고 전복되면서 조수석에 있던 이 군이 사망.

20. 김○○(18세). 오토바이 배달 중 차선을 변경하다가 같은 방향으로 진행 중인 승용차와 충돌해 사망.

21. 김○○(24세). 주방 보조로 근무하면서 배달도 했다. 배달 중 신호를 위반해 가다가 정상 신호를 받고 직진하던 버스의 앞 범퍼와 부딪혀 사망.

22. 이○○(18세). 배달 중 지하보도를 나와서 3차로에 불법 주차된 자동차 후미를 들이받아 사망.

23. 석○○(23세). 배달 중 좌회전하던 버스와 충돌해 사망.

24. 김○○(18세). 오토바이로 배달하고 복귀 중 제주시 아봉로 굽은 도로에서 넘어지면서 맞은편 도로에서 직진 중이던 차량을 들이받아 사망.

25. 손○○(18세). 오토바이 배달 중 1차선에서 2차선으로 진로를 변경하다가 브레이크를 밟아 넘어졌고, 2차로상에서 차량 정체로 정지해 있던 앞차 후면 부분과 충돌해 사망.

26. 임○○(20세). 오토바이 배달 중 차량에 의해 부딪혀 사망.

이 가운데 정규직은 단 한 명뿐이었으며, 두 명을 제외하고는 모두가 오토바이로 배달일을 하다 사망했다. 이들 중 우리는 제주에서 사망한 김민준 군(18, 가명)의 사건을 좀 더 취재해 보기로 했다. 운전면허가 없는 미성년자에게 배달을 시킨 사장이 벌금 30만 원형만 받고 사건이 종결됐다는 게 좀처럼 납득이 가지 않았기 때문이다. 우리는 곧바로 민준 군 유가족과 친구들을 만나러 제주도로 향했다.

2018년 4월 8일 오후 6시 19분. 제주도 아봉로 신성여고에서 약 300
미터 떨어진 편도 1차로. 급커브가 반복되는 길이었다. 제한속도는 시
속 60킬로미터. 민준 군은 여기서 오른쪽으로 커브를 돌다 중심을 잃
고 중앙선을 넘어 반대편 차선으로 넘어졌다. 족발을 배달하고 돌아오
던 길이었다. 맞은편에서 오던 차량은 갑자기 중앙선을 침범한 민준
군을 피하지 못했다.

병원으로 이송된 민준 군은 응급실에서 30분간 심폐 소생술을
받았다. 그러나 호흡은 돌아오지 않았다. 2018년 4월 8일 오후 7시
19분. 열여덟 민준이에게 사망 선고가 내려졌다. 사인은 외상성 심정
지. 부산에 살던 어머니 이미숙 씨(가명)가 병원에 도착했을 땐 이미
모든 상황이 끝난 뒤였다.

민준 군 사망의 직접적 이유는 교통사고다. 하지만 석연찮은 부
분이 있었다. 민준 군은 운전면허가 없었다. 왜 무면허로 오토바이를
몰았을까? 경찰 조서, 참고인 진술서, 민준 군이 일한 족발집 동료 진
술서 등을 모두 훑어보았다. 이에 따르면 민준 군은 애초 오토바이 면
허가 없어 홀서빙으로 채용됐으나 민준 군이 출근 전에 들었던 것과
달리 족발집 일은 배달일과 홀서빙 일이 나눠져 있지 않았다.

출근 첫날, 족발집에는 민준 군과 친구 김진우 군(가명), 그리고
잠깐 일을 도와주러 온 다른 아르바이트생이 있었다. 가게 밖에서 셋
이 일하는 모습을 CCTV로 지켜보던 사장은 가장 오래 일을 한 진우

에게 전화를 걸었다.

"다른 애들은 서빙 볼 줄 모르니까, 네가 가게를 보고 가까운 곳은 민준이 보고 배달 가라고 해."

민준 군의 아슬아슬한 배달은 그렇게 시작됐다. 첫째 날에 세 번, 둘째 날에도 세 번, 셋째 날에는 일곱 번 배달을 나갔다. 그리고 마지막이 된 넷째 날에도 민준 군은 세 번 배달을 나갔다. 민준 군이 사고를 당한 뒤 진행된 경찰 조사에서 CCTV로 확인된 횟수가 그렇고, 실제 배달 횟수는 더 많았다고 친구들은 증언한다.

하지만 사장은 한사코 배달을 지시하지 않았다고 진술했다. 민준 군이 무면허라는 사실을 알고 있었기 때문에 배달을 시킨 적이 없다는 것이었다. 민준 군이 시키지도 않았는데, 오토바이를 몰고 배달일을 하다가 그런 사고를 냈다는 게 사장의 주장이었다.

그러나 가게 CCTV에는 카운터에 사장이 서있는데도 헬멧을 쓰고, 포장된 족발과 카드기를 챙겨 가게를 나서는 민준 군의 모습이 그대로 찍혀 있었다. 더구나 사장은 가게 밖에 있을 때도 스마트폰과 연결된 CCTV로 아르바이트생들의 근무 태도를 체크했다. 그런데도 사장은 민준 군이 배달 나가는 걸 몰랐을까? 우리는 민준 군이 일하던 곳에 가서 직접 사장을 만나 보기로 했다.

친구의 증언

사실 제주에서 가장 먼저 만나고 싶은 사람은 친구 진우 군이었다. 경찰 조사 기록만으로는 족발집의 노동 여건을 제대로 알 수 없었는데, 진우는 민준이와 함께 족발집에서 함께 일한 친구였다.

우리는 민준 군 집에서 진우를 만났다. 두 명의 친구와 함께 온 진우는 키도 크고 어깨도 넓었다. 소도 때려잡을 듯한 덩치였지만 말투는 아직 고등학생 티를 벗지 못했다. 진우는 아직도 친구를 떠나보낸 그날이 잊히지 않는다고 했다.

민준이가 제주시 족발집에서 아르바이트를 시작한 건 2018년 4월 5일. 진우가 소개해 준 일이었다. 전날 족발집 사장은 아르바이트생 진우에게 물었다.

"아르바이트 할 만한 친구 없냐?"

"있기는 한데 면허가 없어서 배달은 못 해요."

진우는 민준이를 떠올리며 대답했다. 하지만 사장은 아무렇지 않게 "괜찮다" 했다. 진우는 당연히 민준이에게는 홀서빙만 시킬 줄 알았다.

사고 당일, 진우는 사장에게서 모두 열일곱 통의 전화를 받았다.

그날 저는 알바를 못 갔는데, 갑자기 사장님한테 전화가 왔어요. 민준이가 오토바이를 가지고 도망갔다는 거예요. 전 곧 돌아올 거라고 했지만 사장은 믿지 못하는 눈치였어요. 그래서 제가 전화해 보겠다고 했죠. 근데 민준이가 제 전화도 안 받더라고요.

그러고 한 10분 지났나. 전화가 오더라고요. 받자마자 "민준아, 어디아?" 물었는데 전혀 모르는 목소리가 나오는 거예요. "김민준 학생, 지금 심폐 소생술 하고 있으니 보호자 분 연락처 알려 주시고, 급히 오셔야 될 거 같아요" 이러는 거예요.

솔직히 이게 무슨 상황인가 싶었죠. 민준이가 장난치는 줄 알고 "야, 나 이런 장난 싫어. 민준이 바꿔" 하는데 "아, 죄송한데 장난이 아니라 정말 긴급 상황이니 빨리 보호자 연락처 알려 주세요" 이러는 거예요. 그래서 급히 민준이 누나 연락처를 수소문해서 알려 줬죠.

그 와중에도 사장에게 연락은 해둬야 한다고 생각했다. 민준이가 사고가 나서 응급실로 가는 중이라고 했다. 경황이 없었다. 택시를 타고 병원으로 가는 길에도 끊임없이 전화가 왔다.

처음에는 민준이가 일한 지 나흘밖에 안 됐으니 경찰이 물으면 잠시 놀러 왔다가 몰래 오토바이를 타고 간 거로 말하라고 했어요.

일단 끊고 응급실로 갔는데, 민준이는 이미 세상을 떠나 있더라고요. 같이 간 친구들이랑 다 같이 펑펑 울었어요. 그런데 사장한테서 계속 전화가 오는 거예요. 경찰에게 어떻게 말했느냐 물으면서 자기는 민준이가 배달 나간 줄 몰랐다고, 말해 달랬어요. 다음날까지 그런 전화가 열 번도 넘게 왔어요.

진우는 민준이에게 아르바이트를 소개해 준 스스로를 탓했다. 공교롭게 자신이 아르바이트를 쉬던 날 사고가 났다는 점도 죄책감을 더했다. 그런데 "나 때문에 민준이가 죽었다" 울먹이는 진우에게 사장은 온통 경찰 조사와 관련된 말뿐이었다.

"경찰한테 진술 잘 해줘."

민준이의 사고를 걱정하거나 미안해하는 말은 없었다. 진우도 더는 참기 힘들었다.

"이제부터 전화하지 말아 주세요."

사장은 스스로도 민준이에게 배달을 시킨 적이 없다고 진술했다. 경찰은 가게 내부를 찍은 CCTV 화면을 보여 주면서 압박했다.

경찰	(CCTV 화면에서) 죽은 아이가 배달 음식 포장지에 붙어 있는 메모지를 확인하면서 배달 나가는 장면, 그리고 포장된 음식을 가게 밖으로 들고 나가 오토바이를 타고 가는 장면, 헬멧을 착용하고 직원들과 대화를 나눈 뒤 배달 나가는 뒷모습을 사장이 보는 장면 등이 있습니다. 이게 배달하는 모습이 아닌가요?
사업주	아이가 포장된 배달 음식을 가지고 밖으로 들고 나가 배달 직원에게 건네주거나, 포장 손님에게 건네주는 장면일 수 있습니다. 헬멧 착용은 호기심에 썼을 수도 있습니다.
경찰	(사고 당일 CCTV를 보여 주며) 아이가 헬멧을 착용한 것을 인식하지 못했습니까.

사업주	눈으로는 봤겠지만, 경황이 없었고 주문 전화와 준비 때문에 머릿속이 복잡한 상태라 머리로는 생각을 못 했던 것 같습니다.
경찰	(사업주 바로 앞에서 헬멧을 쓴 아이와 직원들이 대화하는 장면을 보여 주며) 정말 헬멧 착용을 보지 못했다는 겁니까.
사업주	못 봤다는 건 아니고, 너무 경황이 없으니깐 눈으로는 봤지만 인식은 하지 못했습니다.

사장은 검찰에 가서는 "유족에게 위로금이라도 드리려 했다"고 진술했지만 실제로 유족에게 전해진 것은 아무것도 없었다.

벌금 30만 원

어머니 이미숙 씨는 납골당에 안치된 아들의 사진을 닦고 또 닦았다. 민준이가 쓰던 학교 책상에는 친구들이 남기고 간 편지가 한가득 쌓여 있었다.

저하고 통화할 때 그랬거든요. "엄마, 나 친구 다니는 가게 다닐 거야"

"뭐하는 덴데?" 그러니까 "족발집이야. 홀만 보는 거야" 이러더라고요. 근데 그 생각이 났어요. 민준이가 국수집에서 잠깐 알바를 한 적이 있어요. 오래 한 것도 아니었는데 그때는 사장한테 전화가 왔어요. "나는 국수집을 하는 사장인데 민준이가 몇 시에 출근을 해서 몇 시에 퇴근을 하고 이렇게 해서 알바를 하기로 했는데 부모님이 허락해 주실 거냐" 그렇게 물어봤던 경험이 있어서 민준이한테 물었거든요. "왜 이 사장은 엄마한테 전화도 안 하냐. 네가 거기서 뭐 한다는 걸 알아야 될 거 아니냐" 그랬더니 민준이가 "사장이 알아서 하겠지. 전화할 거야, 엄마" 이러더라고요. 그런데 전화가 없었어요.

민준이와 같은 미성년자를 고용할 경우, 업체에서는 근로조건과 업무 내용을 부모에게 알리고 허락을 맡아야 한다. 하지만 족발집 사장은 그런 절차를 밟지 않았다. 만약 사장이 민준이 어머니에게 전화해서 오토바이로 배달일을 하고 있다고 밝혔다면 어땠을까.

이 사건을 맡은 경찰은 강한 의지를 가지고 수사를 진행했던 것으로 보인다. 경찰에선 사장에게 "도로교통법 위반"과 "업무상 과실치사" 혐의를 적용했다. 도로교통법 위반은 민준이에게 무면허 운전을 시켰기 때문이었고, 업무상과실치사는 그런 업무상 과실로 인해 민준이를 사망에 이르게 했기 때문이다.

그러나 검찰은 "업무상 과실치사"가 적용될 수 없다고 판단했다. 제주지방 검찰청 불기소 사유서에는 이렇게 적혀 있었다.

이 교통사고는 2018년 4월 8일 피해자가 위 원동기 장치 자전거를 운전해 굽어 있는 도로를 운전하다가 중앙선을 침범한 과실로 마주 오던 위 승용차와 충돌한 결과 피해자가 치명적인 상해를 입어 결국 사망에 이르게 된 것이어서, 원동기 장치 자전거 운전면허가 없는 직원인 피해자로 하여금 원동기 장치 자전거를 운전해 음식 배달 업무를 하게 했다는 피의자의 업무상 과실과 이 사건 교통사고 및 피해자의 사망의 결과 사이에 '상당 인과관계'가 인정된다고 보기 어렵다.

결국 사장에게 벌금 30만 원 처분만 내려진 채 사건은 종결됐다. 근거 규정은 도로교통법 154조. 여기엔 "원동기 장치 자전거 면허가 없는 자에게 운전을 시켰을 경우 30만 원 이하의 벌금이나 구류에 처한다"라고 명시돼 있었다.

단순 교통사고

고용노동부는 왜 이 사건을 산안법 위반으로 검찰에 넘기지 않았을까? 사업주는 자신에게 부여된 안전조치 의무, 즉 산안법 제23조 2항을 위반했다. 이를 어길 시 최대 징역 7년까지 받을 수 있다.[+]

+ 실제로 산안법에 명시된 조항대로 처벌받는 사업주는 거의 없다.

일반적으로 노동자가 일하다 사망하는 중대 재해 사고가 발생하면 노동청 근로감독관이 조사를 진행한다. 산안법 위반 여부를 살펴보고 죄의 경중을 따져 기소 의견으로 검찰에 넘기거나 사업주에게 과태료를 부과한다. 산안법 위반 관련 조사는 노동청 근로감독관만이 할 수 있다. 경찰과 동일한 권한이다. 그런데 민준이의 경우 사업주는 산안법과 관련해선 아무런 처벌을 받지 않았다. 우리는 관할 기관인 광주지방고용노동청 제주 근로개선지도센터에 민준이 사건을 조사했는지 문의해 보았다.

"조사 내용이 있으나 답변을 줄 수 없습니다. 정 알고 싶으면 정보공개를 청구하세요."

정보공개를 신청한 뒤 2주가 지났을까. 제주 근로개선지도센터는 청구한 자료가 "부존재" 자료라며 답변을 거부했다. 처리한 내역이 있는데 어떻게 부존재 자료일 수 있냐고 묻자 이번에는 "검찰에 송치한 자료이기 때문에 노동청에는 자료가 없다"라는 답변이 돌아왔다. 우리는 구두로라도 처리 결과를 알려 달라고 요청했으나 "오늘 안에 전화 드리겠다"라는 답변 뒤로는 연락이 없었다. 그리고 며칠 뒤 정보공개 청구창으로 "정보 부존재" 처리가 내려졌다.

노동청이 해야 할 의무를 다했는지 확인하는 자료를 요구한 것인데, "수사 자료" 운운하며 정보를 줄 수 없다는 건 이해할 수 없는 일이었다. 게다가 검찰에서는 이미 약식기소로 종결된 사건이었다.

중한 처벌이라고 해도 집행유예가 고작이다.

왜 이렇게 감추려 할까. 오기가 생겼다. 국회를 통해 취지를 설명하고 관련 자료를 부탁했다. 우여곡절 끝에 받은 자료는 예상대로였다. 광주지방고용노동청의 「고 김민준 군 사건 관련 처리 내역」 자료에 따르면, 제주 근로개선지도센터는 민준이의 사망에 대해 "산안법 위반 때문에 일어난 사고가 아니다"라고 판단해 별도의 조사나 관련 조치를 취하지 않은 것이었다.

산안법은 사업주가 근로자의 안전을 유지할 의무가 있다고 규정하고 있다. 그럼 민준이의 사망 사고는 왜 산안법을 적용받지 못한 것일까. 다시 센터 측에 이유를 물었다. 센터 관계자는 그제야 "교통 재해(사고)의 경우 조사를 생략하는 경향"이 있다면서 "관련 조사를 생략하라는 노동청 내부의 지침이 있었다"고 했다. 실제로 "근로감독관 집무 규정"에는 "사업장 외 교통사고" 건은 조사하지 않아도 된다고 명시돼 있다.+ 고용노동부 산재예방과 관계자의 말 역시 같았다.

+ 이는 2019년 당시 「근로감독관 집무 규정」 26조 2항에 근거한 것이다.

　　제26조 (조사 대상 재해 등) ② 지방관서장은 제1항에 따른 재해 중 다음 각 호의 어느 하나에 해당하는 재해에 대해서는 조사를 종결할 수 있다. (중략) 2. 교통사고, 고혈압 등 개인 지병, 방화 등에 의한 재해 중 재해 원인이 사업주의 산안법 위반에 기인하지 아니한 것이 명백한 재해.

　　그러나 이 조항은 뉴스타파·프레시안의 2019년 "배달 죽음" 기획 보도 이후 개정돼 26조 2항에서 '교통사고'라는 단어가 빠졌다.

[오토바이 사망 사고의] '사건 개요'를 보면 '신호 위반' 사항으로 사망한 건이 대부분이에요. 도로교통법 위반인 거죠. 그러다 보니 따로 나가서 조사하는 경우가 드물 수밖에 없어요.

민준이 사건도 이 「집무 규정」에 따라 고용노동부는 조사를 진행하지 않았고, 그 외의 수많은 오토바이 배달 사망 사고 역시 산안법 위반 여부에 대해 조사조차 하지 않고 단순 교통사고로 정리돼 왔던 것이다.

근로기준법의 예외

민준이 사건을 취재하면서 새롭게 알게 된 사실은 이뿐만이 아니었다. 민준이가 족발집에서 한 달에 받기로 한 돈은 150만 원이었다. 오후 5시에 출근해 새벽 1시에 퇴근했고, 주 6일 근무했다. 동료들의 말을 들어보면 주말에는 무조건 일해야 했고, 평일 하루를 쉬었다. 일이 많으면 일찍 출근하거나 늦게 퇴근하는 날도 있었다. 그런데도 월급은 한 달 150만 원 고정급이었다.

하지만 민준이가 일했던 2018년 당시 최저임금은 7530원이다. 일주일에 15시간 이상 일하면 나오는 주휴 수당과 밤 10시 이후 근무할 때 나오는 야간 수당, 일요일에 일하면 나오는 휴일 수당 등을 다 계산하면, 민준이가 받아야 할 월 급여는 대략 226만 원이 넘는다. 최저임금으로만 계산해도 약 70만 원을 주지 않은 셈이다.

우리는 처음엔 근로기준법을 잘 모르는 어린 친구들을 고용해서 임금을 착복하는 악덕 사업주라고 생각했다. 그런데 근로기준법엔 예외 조항이 있었다. 근로기준법의 적용 범위를 명시한 제11조에 따르면, 민준이가 일했던 '5인 미만 사업장'은 해고가 자유로울 뿐만 아니라 1년에 하루도 휴가를 안 줘도 상관없었다. 연장·야간·휴일 노동을 하면 줘야 하는 '통상 임금의 50퍼센트'를 안 줘도 되는 것이다. 사장은 주휴수당을 제외하고는 법대로 한 것뿐이었다.

> 진우의 슬픔

우리나라의 도로교통법이나 도로운송차량법에서는 오토바이를 2륜 자동차라 부른다. 그러나 모든 오토바이를 2륜 자동차라고 하진 않는다. 125시시 미만의 오토바이는 '원동기 장치 자전거'라고 한다. 125시시를 기준으로 그 이상이면 오토바이 전용 면허인 2종 소형 면허가 필요하지만, 125시시 미만일 경우 원동기 장치 자전거 면허만 있으면 된다.

나이가 어린 민준이는 만 16세 이상부터 딸 수 있는 원동기 장치 자전거 면허를 준비했다. 오토바이 전용 면허인 2종 소형 면허는 만 18세 이상부터 취득할 수 있다. 민준이가 일하던 족발집에 있던 오토바이도 125시시 미만 등급이었다.

만약 이 오토바이가 125시시였다면 어땠을까. 민준이 사건을 조사한 제주지방경찰청 관계자는 도로교통법상 고용주 의무 위반에 대한 처벌이 너무 약하다고 지적했다.

민준이가 운전했던 차종이 124시시 이륜차거든요. 그래서 이게 도로교통법상으로는 사장에게 최대 벌금 30만 원밖에 내릴 수 없어요. 그런데 만약 민준이가 125시시를 넘은 오토바이를 운전하다 사고를 당했다면 얘기는 달라져요. 이런 경우, 사업주한테 1년 이하의 징역형을 내릴 수 있거든요. 사실 요즘 배달앱에서 많이 활용되는 오토바이들은 125시시 미만이 대부분이에요. 퀵보드도 요즘 많이 쓰잖아요? 관련법 정비가 필요한 게 아닌가 싶어요.

지금 청소년들이 호기심이든, 아르바이트 목적으로든 오토바이 운전에 많이 노출돼 있잖아요. 오토바이 사고는 일반 차량보다 사망 비율도 높고 위험해요. 그런데 지금 법률상 125시시 미만 오토바이는 만 16세가 되면 면허를 취득할 수 있거든요. 어쨌든 의사 결정 능력이 부족한 미성년자들이잖아요. 그래서 이들을 보호하는 제도나 장치가 많이 필요하다고 생각해요. 요즘 범죄나 위험에 어린애들을 노출시킬 경우, 가중 처벌하는 법 조항이 많이 생겨났잖아요. 그런 추세와는 다르게 현 도로교통법은 과거에 머물러 있다는 생각이 들어요.

진우 군은 민준이의 목숨 값이 30만 원인 것처럼 느껴진다고 했다.

제가 생각한 거랑 너무 다른 결과가 나와서 … 너무 화가 나가지고 … 솔직히 그 사장에게 엄청 화가 나 있었어요. 사업주에게 고작 30만 원 벌금이 나왔다는 이야기를 듣고부터는 아무도 믿지 못하겠더라고요. 그래도 사람 목숨을 그냥 이렇게 지나가면 안 되는 거잖아요. (울음)

진우 군의 울음은 쉬이 그치지 않았다.

사장이 된 민준이들

배달 시장은 플랫폼 산업으로 진화하며 연간 20조 원대 시장으로 성장했다. 한 손엔 스마트폰을, 다른 손엔 음식을 든 라이더들이 거리에 넘쳐 난다. 하지만 시장이 커진 만큼 사고도 늘어나고 있다. 고용노동부의 「퀵서비스 회사 산재 현황」통계에 따르면, 지난 3년여 간 발생한 오토바이 배달 사고(산재 승인 기준)는 총 1800여 건이었다. 2016년에 264건, 2017년에는 411건, 2018년에도 597건이 발생했고, 2019년 상반기에만 전년도 사고 건수에 버금가는 568건의 사고가 발생했다.

　플랫폼 회사로 채워진 배달 시장의 노동 구조는 이전의 '직고용' 방식보다 훨씬 복잡한 구조를 띠고 있다. 예를 들어, 소비자가 자장면 한 그릇을 주문하는 경우를 가정해 보자. 예전에는 동네 중국집에 전화를 걸어 음식을 주문하면 중국집이 직접 고용한 배달원이 음식을 가져다주는 게 일반적이었다. 하지만 이제 소비자는 '주문 대행 플랫폼'에 접속해 음식점을 검색하고 주문을 넣으며, 이 주문은 플랫폼을 통해 해당 음식점에 전달된다. 주문을 전달받은 음식점 중 직고용 라이더가 없는 음식점은 배달을 위해 또 다른 '배달 대행 플랫폼'(바로고, 생각대로, 부릉, 티앤비 등)을 이용해 라이더를 빌려 와 주문을 소화한다. 우리가 배달의민족과 같은 주문 대행 플랫폼을 통해 주문을 했다 하더라도 실제 음식을 배달하는 라이더는 다른 배달 대행업체 소속인 경우가 대부분인 것이다.

이런 구조이다 보니 라이더에게 사고가 났을 때 책임 소재가 불분명해진다. 음식을 시킨 소비자도, 음식점 사장도 책임은 없다. 배달의민족이나 요기요 등 주문 대행업체는 주문을 중개만 한 것이기 때문에 역시 책임을 지지 않는다. 라이더가 실질적으로 소속돼 있는 배달 대행업체도 "음식점과 라이더 사이를 중개했을 뿐"이라는 이유로 책임이 없다고 주장한다.

우리는 어떤 배달업체에서 얼마나 많은 사고가 발생하는지 확인해 봤다. 그 결과, 배민라이더스(우아한청년들), 바로고, 요기요플러스(플라이앤컴퍼니)처럼 우리에게 익숙한 이름의 유명 플랫폼 기업들이 사고 다발 업체로 확인됐다. 산재 승인 건수를 기준으로 했을 때 바로고가 2016~18년 3년간 126건으로 가장 많았고, 배달 플랫폼의 대명사로 알려져 있는 배달의민족이 운영하는 자회사 배민라이더스(우아한청년들)가 104건으로 2위를 기록했다. 요기요(딜리버리히어로)의 자회사 요기요플러스(플라이앤컴퍼니)에서도 56건이 발생한 것으로 드러났다.

하지만 이들 플랫폼 회사는 하나같이 라이더들의 사고와 관련해 "본사에는 법적 책임이 없다"는 입장을 보였다.

본사는 플랫폼만 제공한다. 사고가 난다고 해서 우리 책임은 아니다. 본사 차원에서는 라이더의 사고 현황도 파악하지 않는다. 바로고가 사고 건수가 많은 것은 산재 승인을 받는 데 협조를 잘해 주는 회사이기 때문이다(바로고 관계자).

우리 회사는 음식점에 배달 대행업체만 연결해 준다. 그 외에 벌어지는 일에 대해서는 우리가 책임지거나 관여할 이유가 없다(티앤비코리아 관계자).

배달 건수가 가장 많아서 사고가 많은 것 같다. 우리 회사와 라이더는 계약 관계가 아니다. 따라서 사고 집계나 보고 절차도 없다(생각대로 관계자).

현재 라이더의 법적 지위는 '특수 형태 근로 종사자'(줄여서 '특고')로, 근로자와 자영업자의 경계에 있다. 하지만 현실은 다르다. 일부 플랫폼 회사의 경우 라이더에게 "픽업까지 ○○분" 같은 일방적인 배달 지침을 내리는 등 사실상 일반 근로자처럼 대하고 있다.

2019년 8월 27일, 유명 배달 대행업체 요기요플러스 라이더들은 서울 서초동에 위치한 본사 플라이앤컴퍼니 앞에서 기자회견을 열었다. 이들은 왼쪽 가슴에 "요기요플러스"가 적힌 빨간색 반팔 티를 입고 "우리도 체불임금 받고 고향집 가고 싶소"라고 적힌 현수막을 들었다.

일례로 성북구에서 요기요 배달일을 하는 박 씨의 경우, 지난 4월 시급 1만1500원을 받는 조건으로 회사와 계약을 맺었어요. 그런데 두 달 만에 기본급 5000원에 배달 한 건당 1500원 수준으로 계약이 일방적으로 변경되는 일을 겪었죠. 기본급이 있을 때와 다르게 건당 수수료로 바뀐 후에는 시간에 쫓기며 일할 수밖에 없게 됐고, 위험도는 높아졌어요.

이날 기자회견에 참석한 라이더들은 "라이더들은 직원이 아니"라는 요기요플러스 본사의 주장을 반박하며 점심 식사 시간을 일방적으로 정해 주는 등 사실상의 지휘 감독을 본사가 행사하고 있다고 했다.

라이더유니온의 박정훈 위원장은 "가장 큰 부담이 되는 사고 책임 문제를, 라이더를 사장으로 만듦으로써 해결해 버린 게 오늘날 20조 단위의 배달 시장이 탄생한 비법"이라고 지적했다.

이날 기자회견을 마친 라이더들은 요기요플러스 성북허브 건물 유리창과 문에 "근로기준법을 지켜라", "사람답게 일하게 해달라" 등의 내용이 적힌 메모지를 붙이는 퍼포먼스를 벌이기도 했다.

민준이의 죽음 이후

민준이에게 일을 시켰던 사장을 만나기 위해 족발집을 방문한 날이었다. 그러나 그는 이미 가게를 다른 사람에게 넘기고 떠난 뒤였다. 새로운 사장은 배달원을 쓰지 않고 배달앱을 이용하고 있었다. 이전 사장도 민준이 사고 이후로 배달원 대신 배달앱을 이용했고, 자신도 가게를 인수하면서 그대로 배달앱을 이용하고 있다고 했다. 그는 여러모로 배달앱이 장점이 많다며 이렇게 말했다.

배달하는 사람들을 고용하면 관리가 힘들어. 내가 옛날에 다른 장사 할 때는 배달원 쓰고 해봤거든. 그런데 아무 이야기도 안 하고, 갑자기 그만두는 거야. 그만두게 되면 "언제 그만둘 거니 사람 뽑으세요" 이러든가 "아는 동생이 있으니 대체해 드리겠습니다" 이런 기본적인 게 있어야 하잖아. 그런데 그런 게 없더라고.

그리고 따지고 보면 배달앱을 이용하는 게 배달원 채용보다 더 쌀 수 있거든. 예를 들어 배달원은 시급을 8350원 줘야 해. 오전 11시에 문 열어서 밤 11시에 닫는데, 열한 시간만 일을 시킨다고 해도 하루 9만 1000원이야. 그런데 그 시간 내내 배달을 하는 건 아니거든. 배달앱은 배달 건수로 비용을 치르니깐 되레 더 싸. 건당 3500원 정도 하니깐. 이것저것 다 따지면 배달앱 쓰는 게 더 좋지.

생각해 봐. 배달원은 우리 사람이잖아. 그러니 명절에 떡값이라도 쥐어 줘야 하지 않겠어? 또 오토바이도 다 구입해야 하는데, 고장 나면 수리도 해야 하잖아. 그걸 배달앱이 다 해결해 주는 거야.

무엇보다 배달앱에서 일하는 사람들은 알아서 보험 처리가 다 돼 있더라고.[+] 배달하다 사고 나는 경우 우리가 책임질 필요가 없어. 사실 여기서도 사고가 났잖아. 내가 가게 인수한 후에도 노동청에서 엄청 통

지서가 날아오더라고. 배달앱 하면 그런 건 없잖아. 내가 안전에 대해 책임질 필요가 없어졌다는 게, 배달앱 쓰는 일순위 이유인 거 같아.

족발집을 나오는데, 헬멧을 쓴 라이더가 빠른 걸음으로 우리를 스쳐 가게로 들어갔다. 가게 앞에는 배민라이더스 오토바이가 시동이 걸린 채 세워져 있었다. 곧이어 양손에 족발 꾸러미를 들고 나온 라이더는 짐칸에 꾸러미를 넣고는 황급히 떠나 버렸다. 헬멧에 가려 있었지만, 10대 후반이나 20대 초반으로밖에 보이지 않았다.

2021년 1월에도 열여섯 살 고등학생이 배달 아르바이트를 하다가 사망하는 사건이 있었다. 그 역시 민준이처럼 근로계약서도 쓰지 않고 부모 동의서도 받지 않은 채 일을 했다. 그는 차선을 바꾸는 버스를 비켜 가려다 불법 주차돼 있던 트럭을 그대로 들이받았고 뇌사 상태에 빠진 지 19일 만에 세상을 떠났다. 아버지는 장례식 날에야 아들이 배달일을 했다는 사실을 알게 됐다.

하지만 아들이 일했던 업체는 아무런 처벌도 받지 않았다. 배달 대행업체였기 때문이다. 아들은 특수 형태 근로 종사자로 현 근로기준법하에선 보호받을 수 없는 '사장'이었다. 열여섯 아들이 사장이었다는 현실을 아버지로서는 이해할 수 없었다.

+ 하지만 2019년 당시만 해도 대부분의 라이더들은 산재보험에 가입돼 있지 않은 상태였다. 쿠팡이츠와 배민은 2020년, 라이더들의 산재보험을 의무화하고 보험료를 반씩 부담하기로 한다.

4

자영업의

덫

별점 인생

2021년 5월 8일, 서울 동작구에서 김밥 가게를 운영하던 이영숙 씨 (가명)가 통화 중 뇌출혈로 쓰러졌다. 곧바로 병원으로 이송됐으나 3주 동안 의식을 차리지 못하고 사망했다. 그녀는 대체 누구와 무슨 통화를 했던 걸까. 비극은 2000원짜리 새우튀김 하나에서 시작됐다.

그날 영숙 씨는 총 일곱 통의 전화를 받았다. 시작은 전날 배달 앱 쿠팡이츠를 통해 새우튀김 3개, 납작 만두, 치즈 김밥, 사이다를 주문한 고객이었다. 이 고객은 "새우튀김 한 개를 남겨서 냉장고에 넣어 두었는데, 하루 지나고 보니 색깔이 이상하다"라며 환불을 요구했다. 영숙 씨는 요청대로 새우튀김 한 개 가격을 돌려주겠다고 했다.

하지만 고객은 새우튀김 한 개가 아닌 구매한 음식 전부의 환불을 요구했다. 영숙 씨로서는 받아들이기 어려운 제안이었다. 이를 거부하자 고객은 네 차례나 가게로 전화해 막말을 퍼부었다.

"세상 그렇게 살지 마. 부모가 그렇게 가르쳤어?"

50대 영숙 씨가 감당하기엔 버거운 질타였다. 영숙 씨는 재차 전액 환불 불가 입장을 밝히며 전화를 끊었다. 그래도 고객은 포기하지 않았다. 영숙 씨 가게의 리뷰란에 "개념 없는 사장"이라는 댓글과 함께 별점 (5점 만점 중) 1점을 남겼다. 또 고객 센터에 민원도 넣었다. 그러자 민원을 전달받은 쿠팡이츠 측에서는 두 차례 전화로 전액 환불을 종용했다. 물론 영숙 씨 입장에서는 부당한 요구였다. 그녀는 자신의 억울함을 센터 측에 호소하다 "아, 머리 아파"라는 말을 남기고는 그대로 쓰러졌다.

영숙 씨가 쓰러진 뒤에도 센터에서는 재차 전화가 왔다. 가게 직원이 "지금 전화 받다가 사람이 쓰러졌다"라고 설명했지만, "동일한 문제가 일어나지 않도록 전달해 달라"라는 말만 되풀이했다.

딸 인혜 씨(가명)는 라디오에 출연해 억울한 심경을 토로했다.

> 어머니가 쓰러지고 나서, 아버지가 고객에게 연락을 했는데, 그분은 … 그쪽이 잘못해서 쓰러진 건데 왜 나한테 책임을 묻냐는 식으로 말하면서 억울하다고 하더라고요. 어머니는 그분의 폭언을 듣고 화장실에서 울기도 했는데 … 올해 봄 건강검진을 할 때만 해도 아무 이상이 없었어요. … 쿠팡이츠랑 그 고객과 전화를 하다가 그렇게 가셨다는 게 너무 억울하고 답답해요.[+]

여론이 악화되자, 쿠팡이츠는 입장문을 내고 사과와 함께 재발 방지 조치를 발표했다. "점주 보호 전담 조직"을 만들어 전담 상담사를 배치하고 상담 과정을 개선하겠다는 내용이었다. 또 악성 리뷰에 점주가

[+]   CBS라디오 <김현정의 뉴스쇼>(2021/06/23).

직접 댓글을 달아 해명할 수 있는 기능을 만들고, 악성 리뷰는 노출되지 않도록 신고 절차를 개선하겠다고 했다. 하지만 배달앱에 가입한 자영업자들의 목줄을 조이는 문제들은 여기저기 산적해 있다.

어느 자영업자의 생애

김동우 씨(49, 가명)는 현재 배달일을 하고 있다. 처음부터 이 일을 한 건 아니다. 이공계 대학을 나와 중소 IT기업에서 컴퓨터 엔지니어로 10년을 일했다. 마흔만 넘어도 '노인네' 취급을 받는 업계라 이직을 고민하다 장사를 하기로 했다. 그때가 마흔이었다.

퇴직금에 1억5000만 원을 대출받아 PC방을 차렸다. 동네 장사였지만 주말에는 전체 49석이 꽉 찼다. 나름대로 전공을 살린 셈이다. 하지만 인근에 새로운 PC방이 들어서 가격경쟁이 붙으면서 분위기가 달라졌다. 주변이 재개발을 시작하며 사태는 더욱 악화됐다. 사람들이 하나둘씩 떠나면서 PC방 이용객도 줄어든 것. 대출 이자만 한 달에 90만 원에 달했다. 결국 5년간 운영하던 PC방을 부랴부랴 다른 사람에게 넘겼다.

더는 대출받은 돈으로 장사하고 싶지 않아 몸으로 할 수 있는 청소업이나 소자본으로도 가능한 푸드 트럭을 알아봤다. 하지만 이런저런 이유로 모두 어그러졌다. 시간만 속절없이 흘려보내다 김 씨는 상대적으로 빠르고 쉽게 오픈이 가능한 프랜차이즈에 눈을 돌렸다. 돈을 내니 피자 가게가 '뚝딱' 차려졌다. 가맹금 1000만 원에 인테리어 비용, 화덕·냉장고 등의 장비 구입비 등을 합해 1억2000만 원이 들었다. 모두 본사를 통해 구입했다. 한 달 매출이 2000만 원 정도 된다고 들었기 때문에 전체 매출에서 20퍼센트 수익만 나오면 괜찮을 거라 생각했다.

첫 달 매출은 1300만 원이었다. 그런데 아무리 계산해 봐도 권 씨 손에 잡히는 돈은 200만 원이 안 됐다. 어디서 이렇게 돈이 새는지 따져 봤다. 일단 1만 원짜리 피자를 팔면, 소스·플라스틱 용기·밀가루 등 재료비가 4000~4500원이었다. 이는 모두 본사에서 구입해야 했고 안 그러면 계약이 해지됐다. 매달 광고비도 나갔다. 이번 달에 1000만 원어치 재료를 본사에서 샀다면, 6퍼센트(60만 원)를 광고비로 냈다. 여기에 월세 200만 원, 직원 인건비, 배달비 등이 고정적으로 나갔다. 김 씨 입장에서 줄일 수 있는 건 본사에 내는 수수료뿐이었다. 수수료 인하를 본사에 건의해 봤지만 변하는 건 없었다. 매출을 늘리는 수밖에 없었다.

배달도 문제였다. 처음에는 배달원을 고용했지만, 매달 고정적으로 들어가는 월급을 감당하기 힘들었다. 가게를 시작할 때만 해도 배달앱에는 관심이 없었지만 이제는 눈을 돌릴 수밖에 없었다.

애초 배달앱 1위는 배달통이었다. 2010년 4월, 국내 최초로 음식점 정보를 제공하는 서비스를 선보인 이후 계속 업계 1위를 유지했다. 그러나 2011년 출범한 배달의민족이 빠르게 성장하면서 2012년, 업계 1위 타이틀을 빼앗았다. 소비자에겐 무료 배달 쿠폰과 음식 쿠폰을 뿌리고, 업주들에겐 무료로 광고를 해준다면서 끌어들였다.

하지만 업계 1위가 된 뒤부터 배민은 본격적으로 수익 창출을 모색하기 시작했다. 시작은 파워콜이었다. 가게를 홍보해 주는 대가로 가입 업주들에게 3만3000원의 월 회비를 받기 시작한 것이다. 나중에는 이보다 진화한 울트라콜을 선보였다. 한 달에 5만5000원을 내면, 파워콜 회원보다 더 좋은 위치에서, 더 자주 가게를 홍보할 수 있었다. 게다가 울트라콜의 경우 모바일 결제 기능인 바로결제 서비스를 필수로 하도록 해 이 서비스 수수료로 매출의 5.5~9퍼센트를 받아 갔다.

광고비와 수수료가 늘어나니 업주들의 반발은 커질 수밖에 없었다. 그러자 배민은 2015년 8월, 바로결제 수수료를 폐지했다. 당시 배달의민족 매출의 30퍼센트가 여기서 나왔으니 통 큰 결단이었다. 물론 얻은 것도 많았다. 이런 결정은 1년 후 입점 업체 수 35퍼센트 증가, 월 주문 수 67퍼센트 증가, 월 바로결제 주문 수 150퍼센트 증가로 이어졌다. 전년 대비 매출도 43퍼센트 신장됐다.

바로결제 서비스 수수료가 부담스러워 울트라콜을 쓰지 못한 업주들도 대거 울트라콜을 사용하기 시작했다. 그러자 배달의민족은 울트라콜 가격을 5만5000원에서 8만8000원으로 올렸다. 이미 울트라콜의 효능을 맛본 업주들은 일방적인 인상안이라도 받아들일 수밖에 없었다. 경쟁 업체가 모두 울트라콜을 사용하는 상황에서 이를 안 할 순 없었다.

주목할 점은 울트라콜의 운영 방식이 업주들의 돈을 무한정 받아낼 수 있는 구조라는 것이다. 한 달 이용료 8만8000원이라는 금액은 "깃발"이라는 가상 상품 1개를 사는 데 드는 비용이다. 이 깃발이 많으면 많을수록 홍보 효과는 증대된다. 자연히 업주들 모두 여러 개의 깃발을 사려 하면서 경쟁이 붙게 된다. 업주들 입장에서는 그야말로 악순환이었지만 알면서도 벗어나기 어려웠다. 배달의민족이 금액을 인상한 지 6개월이 지난 2016년 7월, 울트라콜을 이용하는 배달 음식점 수는 전년 대비 67퍼센트 증가했다. 배달의민족 전체 매출에서 울트라콜이 차지하는 비중은 70퍼센트에 달하는 것으로 알려졌다.

배달의민족은 이외에도 "슈퍼리스트"라는 입찰제를 도입했다. 돈을 많이 내는 가게 순으로 앱 상단에 순차적으로 노출해 주는 제도다. 좋은 곳에 배치돼야 손님이 몰리니 너도나도 금액을 올리게 된다. 동우 씨 가게가 있던 지역의 경우, 한창 치열할 때는 최고 입찰액이 100만 원을 넘기도 했다. 배달의민족은 이 프로그램으로 업주당 평균 75만 원의 수익을 올렸다.

동우 씨 입장에서는 프랜차이즈 본사와 배달앱 양쪽에서 수수료를 떼이다 보니 순수익은 매출 대비 10퍼센트가 넘을까 말까였다. 그런데도 프랜차이즈 본사에서는 홍보 전단 제작비를 명목으로 18만 원을 내라는 새로운 조건을 제시했다. 동네 인쇄소에 맡기면 1만 장을 인쇄해도 9만 원이면 되는 일이었다. 항의하니 가맹점을 해지하겠다는 내용증명이 날아왔다. 나중에 알고 보니 프랜차이즈 회장 아들이 전단 업체를 운영하고 있었다.

결국 동우 씨는 이참에 다른 일을 알아보겠다고 마음먹고 프랜차이즈 계약을 해지했다. 가게를 정리하니 빚 2000만 원만 남았다. 경기도 하남의 아파트 한 채가 유일한 재산이었기에 집을 팔고 빚잔치를 했다. 빚만 없으면 어떻게든 살 수 있겠다 싶었는데 전세 자금 대출이 막혔다. 직업이 없으니 당연했다. 10년 동안 가게를 운영한 결과는 빚도 못 내는 무일푼 신세로의 전락이었다.

또다시 빚을 내서 장사를 할 순 없었다. 맨몸으로 할 수 있는 일을 찾다 보니 배달일이 눈에 들어왔다. 물론 여기에도 각종 수수료가 붙어 하루 열 시간 이상 일을 해도 손에 쥐는 돈은 한 달 평균 200만 원 남짓이다. 그래도 여기저기 눈치 보지 않고 일하는 게 마음은 편하다. 오십이 다 돼 가는 나이에 어디 재취업이나 할 수 있겠나 싶기도 하다. 동우 씨는 오늘도 배달일을 하고 있다.

> ### 대기업을 나온 현철 씨

박현철 씨(51, 가명)는 대기업을 다니다 퇴직 후 2016년, 서울에서 프랜차이즈로 닭갈비집을 시작했다. 닭고기와 양념 등을 본사로부터 공급받았는데, 박 씨가 선택한 프랜차이즈는 초기 가맹비나 월 로열티를 면제해 줘 그나마 숨통이 트였다.

2년 정도 운영하다 보니 배달앱의 가파른 성장으로 홀 손님이 점차 줄어들어 박 씨도 배달앱을 무시하기 어려워졌다. 찾아보니 '주문 중개'부터 '배달'까지 모두 하는 플랫폼이 있었다. 그중 그는 업계 1위 자리를 지키고 있던 배민라이더스를 선택했다. 소비자가 가장 많이 접속하는 곳이니 자연히 주문도 많으리라 생각했다.

한창일 때는 배달앱에서만 월 500만 원 가까이 매출이 나왔다. 한편으로는 다행이었지만, 단순히 좋아할 일만은 아니었다. 배민라이더스는 카드 수수료 및 앱 이용료로 전체 매출의 15퍼센트와 부가세 1.5퍼센트를 떼간다. 배민을 통해 500만 원의 매출을 냈다면, 82만 5000원을 배민라이더스가 가져가는 셈이다.

그 밖에도 내야 하는 게 또 있었다. 배달비는 자영업자가 아닌, 소비자와 배민라이더스가 함께 부담하는 구조였지만, 배민라이더스에서는 자영업자들에게 자발적으로 배달료를 더 부담할 수 있도록 했다. 예를 들어 배달원에게 배달료로 4000원을 지급할 경우, 소비자가 2900원을 내고 배민라이더스가 1100원을 내는 식이라면, 여기서 소비자가 내는 2900원의 배달료를 업주가 팁이라는 명목으로 대신 내줄 수 있게 한 것이다. 그럴 경우 업주에게는 앱에서 눈에 잘 띄는 곳에 가게가 배치되는 보상이 따랐다.

자영업자들이 너도나도 자신의 식당을 핸드폰 화면 상단에 배치하기 위해 배달료를 내면서 출혈경쟁이 나타났다. 현철 씨도 한 달간 지급한 배달료만 58만 원(배달앱을 통한 매출 500만 원을 기준으로 할 경우 11.6퍼센트)이었다. 배달앱에서 가져간 한 달 총 수수료를 따져 보니, 140만5000원(28.1퍼센트)에 달했다.

배달 품질도 문제였다. 주문이 한창 밀려들 때는 배달원이 부족하다 보니 배차에만 20~30분이 훌쩍 가버리기 일쑤다. 또 업소에서는 배달원이 콜을 받고 "조리 시작" 버튼을 눌러 줘야 조리에 들어가는데, 배달원들은 콜을 몇 개씩 찜해 둔 뒤 자신들의 배달 동선에 맞춰 "조리 시작"을 누른다. 그러면 배달 동선의 후순위에 있는 업소는 또 십여 분의 시간이 날아가게 되는 꼴이었다. 게다가 배달원이 몇 개 업소를 돌면서 음식을 여러 개 픽업한 뒤 배달할 때 현철 씨의 닭갈비가 제일 마지막 동선이 될 경우, 고객은 식어 버린 닭갈비와 불어 터진 떡사리를 받게 된다. 빌라 A동에 갖다줘야 할 닭갈비를 B동에 갖다주는 식의 배달 사고도 허다하다.

이런 구조를 알 수 없는 고객은 "배달이 왜 이렇게 늦냐", "떡사리가 왜 불었냐" 하며 가게에 불만을 제기한다. 그나마 가게로 전화만 하고 끝내면 다행이다. 별점을 한 개 주거나 가게 리뷰에 악플을 다는 경우도 많다. 그러면 가게 평점이 떨어지고, 그에 따라 주문량도 감소한다. 심한 경우 배달앱과의 계약이 해지될 수도 있다. 현철 씨는 배달원의 실수로 인해 생긴 악플과 낮은 별점은 자기네 잘못이 아니니 삭제해 달라고 배달앱 측에 몇 차례 요구해 봤다. 하지만 배달앱 측은 단 한 번도 이를 받아들이지 않았다.

그런 와중에 2019년 5월, 쿠팡이츠가 등장하면서 속도 경쟁이 시작됐다. 쿠팡이츠는 한 명의 배달원이 한 건의 음식만 배달하는 시스템을 통해 평균 60분이 걸리는 배민라이더스보다 절반 수준인 20~30분이면 고객에게 음식을 전달했다.

배민라이더스도 견제책을 내놓았다. 애초 박 씨가 쓸 수 있는 조리 시간은 최대 40분이었는데 쿠팡이츠가 나오면서 배민라이더스는 조리 시간을 20분 내로 단축해 달라고 했다. 박 씨의 경우, 닭갈비를 굽는 데 20분, 볶음밥을 볶는 데 10분, 합해서 최소 30분의 조리 시간이 필요했다. 자구책으로 닭갈비를 시키면 기본으로 주던 볶음밥을 빼기로 했다. 지금까지 메뉴 개발을 위해 공을 들여 온 현철 씨는 그간의 노력이 무가 되는 것 같아 씁쓸할 수밖에 없었다.

그러다 프랜차이즈 본사와의 계약 기간 3년이 만료되는 시점이 찾아왔다. 연장이 가능했지만 독립해서 자기만의 닭갈비집을 해보고 싶었다. 자체 소스도 개발했다. 본사에 지급해야 하는 재료비도 절감할 수 있었다.

하지만 문제는 배달앱에서 터졌다. 프랜차이즈에서 떨어져 나왔으니 다른 상호를 써야 하는데 배달앱에서는 상호를 바꿀 경우 기존 상호로 등록돼 있던 정보는 이용할 수 없다고 했다. 2년간 배달앱을 통해 장사해 온 박 씨에게 고객 리뷰나 평점은 가게를 알릴 수 있는 유일한 홍보 수단이다. 그간 이를 관리하기 위해 부단히도 노력했는데 이를 포기해야 한다는 뜻이었다.

배달앱 측은 단호했다. 이유를 물었으나 "정책"이라고만 했다. 배달앱을 바꿔 보려고도 해봤지만 어떤 면에서는 배민라이더스가 차라리 나았다. 요기요플러스는 조리 시간을 지금보다 더 줄여 달라고 했고 쿠팡이츠는 수수료가 비쌌다. 결국 그는 배민라이더스에 눌러앉기로 했다.

현철 씨가 생각하기에 플랫폼 사업자, 즉 배달앱을 제외하고는 배달원도 업소 사장도 모두 약자다. 쌍방이 계약을 맺었다고는 하나 그 조건이 배달앱 입맛대로 좌지우지되기 때문이다. 배달앱이 요구하는 바를 이행하지 않으면 계약 해지다. 문제는 오프라인 시장은 줄어들고, 온라인 시장이 커지는 지금의 구조를 벗어나기 쉽지 않다는 점이다. 박현철 씨는 배달앱에서 처음부터 다시 시작하는 수밖엔 없었다.

어느 떡볶이집의 수지타산

서울의 떡볶이 전문점 A를 살펴보자. 2020년 3월 한 달간 매출 총액은 1708만6500원이었다. 매출만 본다면 꽤 높은 수치다. 하지만 인건비로 228만4120원(13.4퍼센트), 임대료 88만 원(5.2퍼센트), 재료비 497만200원(29.1퍼센트), 공과금 등으로 110만 원(6.4퍼센트), 총 923만 원(54퍼센트)이 고정비로 빠져나간다. 이렇게 따지면 한 달 순수익으로 785만6500원이 업자에게 돌아가는 것처럼 보인다. 그러나 이는 배달앱 수수료를 계산하지 않은 금액이다.

A가게에서 배달앱을 이용해 얻는 매출은 1345만6000원(78.8퍼

센트)이다. 이는 인건비, 재료비 등이 포함된 수치다. 여기서 추가로 배달앱 수수료(113만3176원, 6.6퍼센트)와 배달 대행료(299만 원, 17.6퍼센트)를 제해야 한다. 이 둘을 합하면 412만3176원(전체 매출의 24.2퍼센트)이 된다. 즉, 배달앱 수수료와 배달 대행료를 빼면, 순수입은 372만 원(21.8퍼센트)이 되는 것이다.

플랫폼은 사용자가 늘어날수록 가입자들의 편리도 늘어나고 플랫폼의 이익도 늘어난다. 예를 들어, 구글을 검색에 이용하는 사람이 많아질수록 검색 알고리즘은 좋아지고 검색자가 또 다른 검색자를 불러오는 순환 효과가 발생한다. 페이스북 같은 SNS 가입의 첫 번째 기준이 '주변에서 가장 많이 사용하는 SNS'인 점도 같은 이치다. 이런 특징으로 인해 시장을 선점한 플랫폼은 독점화 경향을 나타낸다. 플랫폼 기업은 오직 정보와 네트워크만으로 성장한다. 단순화하자면, 늘어나는 이용객에 따라 서버 임대만 늘리면 단기간에 빠른 속도로 규모를 키울 수 있다.

물론 그렇게 되기까지는 상당한 비용을 쏟아부어야 한다. 전문 인력과 노하우, 기술력 등이 기본 전제조건이다. 플랫폼을 개발하고, 기본 인프라를 갖추고, 거기에 소비자를 끌어들이기 위한 마케팅 비용이 필요하다. 이는 보통 외부 투자를 통해 조달된다. 쿠팡의 경우, 손정의 소프트뱅크 회장으로부터 3조 원을 투자받았다.

1994년 시애틀에서 문을 연 아마존은 공격적인 확장 전략을 펼쳤다. 대표적인 사례가 이북 리더기 킨들이다. 아마존은 저가 내지는 무료로 킨들을 뿌렸다. 이 킨들로는 아마존에서 구매한 이북만을 읽을 수 있게 했다. 자연히 아마존에서 이북을 구매하는 이들이 많아졌고 점점 더 많은 소비자들이 다른 이북 플랫폼을 버리고 아마존으로 유입됐다. 결국, 장기적으로 매우 강력하고 충성도 높은 고객을 유치할 수 있게 된 셈이다. 이런 성장 전략은 페이스북, 우버, 에어비앤비 등도 마찬가지다.

이들의 성장 속도는 전통적 기업의 성장 속도와는 비교가 안 된다. 이때 후발 주자들의 매서운 추격을 어떻게 뿌리치느냐에 따라 규모가 판가름 난다. 그래서 끊임없는 기술 개발과 트렌드 연구, 그리고 마케팅이 필요하다.

배달앱의 경우, 소비자에게 무료 쿠폰을 뿌리면서 공격적인 마케팅을 펼쳐 왔다. 배달원에게도 마찬가지다. '친구'를 배달원으로 데려오면 소개비로 1만 원을 주는 식의 프로모션을 진행한다(2021년 7월 현재 쿠팡이츠와 배달의민족의 경쟁이 가속화하면서 배달원들이 "매일 무슨 프로모션이 진행되는지 다 챙길 수 없을 만큼" 갖가지 프로모션이 공격적으로 펼쳐지고 있다). 배달 주문이 밀리는 시간대에는 할증 배달료도 지급한다. 배달원을 확보하기 위해서다. 이 두 그룹, 소비자와 배달원의 확대는 배달앱에 가입한 음식점의 확대로 이어진다. 이런 메커니즘은 반대로도 가능하다. 그래서 궁극적으로 배달앱 이용자의 확대를 향해 달려간다.

문제는 배달앱이 어디서 수익을 확보하느냐다. 구글 플랫폼은 소비자에게 무료 이메일을 제공하는 대신, 기업으로부터 광고 수수료를 받아 수익을 올린다. 페이스북도 마찬가지다.+ 배달앱은 가입 음식점으로부터 받는 앱 이용 수수료와 광고 수수료로 수익을 챙긴다. 플랫

2021년 8월 26일 진행 중인 배민커넥트의 친구 데려오기 이벤트.

폼이 주로 사용하는 교차 보조 전략이다.

　　음식점 업주 입장에서는 수수료가 부담스럽지만 배달앱을 이용하지 않고는 장사가 어렵다. 우리가 배달 체험을 할 때 만났던 명지대 근처 떡볶이점을 운영하는 박영희 씨(가명)는 "코로나로 대학생들이 학교에 오지 않으니 답이 없다"면서 "배달이라도 하니 그나마 매출이 있어 다행이지만 수수료 때문에 정작 손에 잡히는 돈은 얼마 되지 않는다"라고 했다.

배달앱 시장의 성장세는 가파르다. 2021년 6월 기준 통계청이 발표한 「모바일 쇼핑 음식 서비스 동향」 자료를 보면 2017년 2조 3543억 원에서 2018년 4조7730억 원, 2019년 9조877억 원, 2020년 16조4341억 원으로 매년 두 배 가까운 성장세를 보이고 있다. 2021 년 1월에는 1조9621억 원, 2월은 1조8068억 원, 그리고 6월에는 2조 824억 원을 기록해 2021년 상반기 전체 11조7135억 원을 기록했다. 물론 배달앱 시장의 성장과 함께 업주들의 매출도 조금씩 증가해 2017년 107조4000억 원에서, 2018년 114조8000억 원으로 늘었다.

하지만 실제 업주가 가져가는 영업이익은 제자리이거나 되레 줄었다. 전국가맹점주협의회에 따르면, 전체 자영업자의 영업이익은 2015년 11조1000억 원, 2016년 11조1000억 원, 2017년 8조7000

+ 1997년 창업한 구글의 경우 1998년, 최초의 벤처 투자를 받았고, 1999년 2500만 달러의 대규모 자금을 유치했다. 이때만 해도 구글은 이 돈을 이용자의 검색 데이터를 수집해 검색 결과를 개선하는 데 사용했다. 검색이 수월해지니 더욱 많은 이용자들이 몰리고, 그에 따라 검색 결과는 더 용이해지는 순환 구조를 가져왔다. 다만, 이익 창출이 쉽지 않았다. 이용자들에게 구글 이용료를 받을 수는 없는 노릇이었다.

   그래서 구글은 검색 데이터, 쿠키, 기타 정보 등을 활용해 온라인 표적 광고를 팔기 시작했다. 이용자의 데이터를 기반으로 맞춤형 광고를 노출해 주는 것이었다. 그 결과, 2000년부터 흑자를 내기 시작해 2015년 1/4분기 구글은 전체 수익 가운데 광고 매출이 89.9퍼센트에 달했다. 페이스북도 전체 매출에서 96.6퍼센트가 광고 매출이다. 닉 서르닉, 『플랫폼 자본주의』, 심성보 옮김, 킹콩북, 2020, 57~58쪽.

억 원, 2018년 10조 원을 기록했다. 한국농촌경제연구원에서 발표한 「2019년 외식업 경영 실태 조사 보고서」를 보면 전체 일반 음식점의 평균 연 매출은 약 1억9000만 원이고 여기서 영업이익은 2090만 원(11퍼센트)인 것으로 조사됐다. 배달앱은 가파른 성장세를 보이고 있지만, 정작 업주들의 상황은 나아지지 않고 있는 것이다. 그 이유는 무엇일까? 배달앱 덕분에 점주들의 매출은 늘어난 것이 아닌가? 단순히 수수료가 과도하기 때문인 걸까?

프랜차이즈 창업 컨설팅을 하는 권성훈 씨는 음식업에도 "총량 보존의 법칙"이 존재한다고 설명했다.

배달앱에서는 전체 '파이'[외식 시장]를 늘리고 있다고 이야기하지만 사실은 그렇지 않아요. 예를 들어 축구하는 날은 치킨 장사가 잘 돼서 하루 매출 200~300만 원을 찍기도 해요. 그런데 그다음 날은 10만 원으로 급격히 떨어져요. 왜 그럴까요? 우리가 매일 치킨만 먹지는 않잖아요. 그렇게 한 번 시켜 먹으면, 사람들은 한동안 치킨을 안 먹어요. 일종의 총량 법칙이죠. 가끔 배달앱에서 "치킨데이"를 진행해요. 쿠폰도 주고, 배달비도 지원해 줘요. 그런 날은 치킨 매출이 엄청 늘어나지만, 그다음 날은 대부분 가게가 휴업을 해야 해요.

배달앱의 성장은 파이 키우기가 아니라 점유하기에 가깝다는 것이다. 김종민 전국가맹점주협의회 사무국장은 "수치상으로 배달앱 서비스는 엄청나게 성장했지만, 소비자가 직접 가게를 방문하는 외식업 매출은 줄어들었다"라고 말한다. 시장의 '파이'가 늘어나서 배달앱이 성장한 게 아니라, 직접 가게를 방문해서 사먹던 소비자들이 시켜 먹게 되면서 배달앱만 성장한 것이다.

물론 배달앱에 지급해야 하는 수수료도 문제다. 전국가맹점주협의회에 따르면 자영업자의 영업 비용은 2015년 78조6000억 원, 2016년 88조1000억 원, 2017년 98조7000억 원, 2018년 104조8000억 원으로 매년 증가했다. 최저임금 인상이 상당한 영향을 미쳤겠지만, 배달앱 수수료도 무시할 수 없는 수준이다. 한국농촌경제연구원에 따르면 배달앱(배달 대행앱 포함)을 사용하는 업주들은 2019년 기준 월평균 93만 원의 배달앱 수수료를 지불하고 있다. 이는 전체 일반 음식점의 한 달 평균 영업이익 174만 원의 절반이 넘는 금액이다.

직접 가서 사먹는 문화에서 배달 문화로 프레임이 바뀌면서 자영업자의 선택의 폭은 점점 더 좁아지고 있다. 김종민 사무국장은 "너도나도 배달앱을 이용하는 상황에서 자영업자도 배달앱 구조로 들어갈 수밖에 없게 됐다"라고 말한다. 더 큰 문제는 한 번 배달앱에 의존하기 시작하면, 쉽사리 벗어나기 어렵다는 데 있다. 김종민 사무국장은 다음과 같이 지적했다.

자영업자들이 느끼기에 매출 증가를 생각하면 사실 배달앱에 주는 수수료는 중요하지 않아요. 문제는 따로 있어요. 제가 만약 치킨집을 하는데 가게를 열고 2~3년 전단지 돌리면서 홍보하고 단골을 확보한다고 해봐요. 그러고 나서 어느 정도 매출이 오르면 그다음부터는 전단지를 안 돌려요. 단골 고객이 형성됐기 때문에 홍보를 안 해도 매출이 꾸준히 나오니까요. 이게 기존의 자영업 문법이었어요. 고객을 확보하고 시장을 내 걸로 만드는 식인 거죠.

문제는 배달앱이 나오면서 이런 문법이 완전히 파괴됐다는 거예요. 2000만 원 매출을 올리던 업체가 배달앱을 쓰면 2500~3000만 원 매출을 올리게 된다고 칩시다. 그런데 배달앱을 끊으면, 매출이 2000만 원으로 내리는 게 아니라 1500, 심한 경우, 800까지 떨어져요. 배달앱의 정보 독점권 때문이죠. 배달앱을 이용하는 업체 주인이 고객에 대해 알 수 있는 정보는 아무것도 없어요. 배달앱에서는 정책상 업소에 개인 정보를 알려 주지 않게 돼 있어요. 자영업자는 배달앱 없이는 단골도 만들지 못하고 관리도 못 하는 거죠.

어렸을 때, 집에 있으면 단골 중국집에서 전화 온 적이 있지 않나요? 주문이 뜸하다면서 자장면 몇 그릇 시키면 탕수육 주겠다고 영업을 했죠. 그게 단골 관리거든요. 그런데 지금은 할래야 할 수가 없죠. 단골을 배달앱에 다 빼앗겨 버렸으니까. 예전에는 중국집을 다른 사람에게 넘길 때, 기록해 둔 전화번호부는 권리금을 주고 넘겼어요. 지금은 그런 게 싹 사라졌죠. 배달앱의 데이터 독점 때문이에요.

이성원 한국중소상인자영업자총연합회 사무총장은 "수수료 등으로 배달앱을 탈퇴했던 분들 중 대다수는 다시 배달앱으로 돌아온다"라고 했다. 전체 자영업자 가운데 배달앱을 이용하는 음식점 업주들은 2016년 5.9퍼센트에서 2017년 6.2퍼센트, 2018년 7.6퍼센트,

2019년 11.2퍼센트로 꾸준히 증가하고 있다.

프랜차이즈 창업 컨설턴트 권성훈 씨는 "근본적인 문제는 배달앱 수수료가 비싸다는 게 아니라 그런 조건이라도 업자들이 들어갈 수밖에 없게 되어 버린 구조"라면서 "코로나까지 겹쳐 이는 쉽게 변화하기 어려울 것 같다"고 했다.

게임의 규칙

거대 산업으로 성장한 플랫폼은 정보와 네트워크의 독점을 이용해 애초에 맺은 계약의 룰을 수정하려 한다. 배달의민족도 마찬가지다. 2020년에 있었던 수수료 인상을 둘러싼 논란은 이런 경향을 잘 보여 준다.

배달앱 시장이 본격적으로 성장하기 시작한 2015년, 배달의민족·요기요 등 플랫폼 업체들은 공격적으로 수수료 할인 경쟁에 돌입했다. 당시 배달의민족은 자영업자 매출의 5.5~9퍼센트 정도로 받던 모바일 결제 중개 수수료를 한 푼도 받지 않겠다고 발표했다. 그러자 경쟁 업체인 요기요도 모든 수수료를 없앤 월 고정비 상품을 내놨다. 자연히 배달앱에 가입하는 자영업자들도 늘어났다. 공급이 늘어나면 그에 따라 수요, 즉 소비자도 늘려야 한다. 배달의민족과 요기요는 할인 쿠폰을 대규모로 뿌리면서 소비자의 배달앱 가입을 유도했다.

이와 같이 네트워킹을 만든 배달앱들은 기존 룰의 수정을 시작한다. 2020년 4월, 배달의민족은 자영업자들에게 월정액(8만8000원)으로 받던 수수료("오픈 리스트" 방식)를 매출의 5.8퍼센트로 변경하겠다고("오픈 서비스" 방식) 발표했다. 요기요의 대주주인 독일계 딜리버리히어로가 배달의민족을 인수한다고 발표한 지 얼마 지나지 않은 시점이었다. 요기요와 배달의민족이 합쳐질 경우, 배달앱 전체에서 시장점유율은 98퍼센트에 달하게 되는 상황이었다.[+]

일방적인 결정이었다. 자영업자들은 기존 요금제보다 비용 부담이 너무 커졌다고 불만을 토로했고, 배민 측은 공평한 수수료라며 불만을 일축했다. 하지만 배민의 주장대로 새로운 수수료 체계는 공평한 것일까?

새로운 수수료 체계는 배민 앱 최상단에 가게가 노출되는 방식에 변화를 가져온다. 기존의 오픈 리스트 방식에서는 최상단에 매출의 6.8퍼센트를 수수료로 내는 업체만 3개씩 랜덤으로 노출되고, 그 밑으로 울트라콜 요금제에 가입한 업체가 보이는 식이었다. 하지만 이제는 "오픈 서비스"에 가입한 자영업자들을 최상단에 노출시키겠다는 것이었다(오픈 서비스에서는 그간 무제한 깃발 꽂기가 가능했던 울트라콜을 3개로 제한해 오픈 서비스에 가입된 업체가 상단에 보이고, 이후 울트라콜 가

[+] 독일의 딜리버리히어로는 배달앱 요기요와 배달통을 운영하는 회사다. 한국의 공정거래위원회는 딜리버리히어로가 배달의민족을 인수한다고 하자, 독점 문제를 이유로 딜리버리히어로 측에 요기요를 매각할 것을 요구했고 딜리버리히어로는 이를 받아들여 2021년 7월 현재 매각 협상을 진행 중이다.

입 업체가 노출되는 식이 된다). 수수료도 순이익이 아닌 '매출'에서 요율로 제하는 방식이라 업체들의 부담은 클 수밖에 없었다. 게다가 여기에 카드 수수료, 결제망 이용료, 부가세 등을 포함하면 업체가 실제 지급해야 하는 수수료는 6.38퍼센트가 되는 셈이었다(연매출과 외부 결제망을 이용하는지 여부에 따라 수수료는 추가된다).

많은 자영업자들이 이에 반발했고, 정치권에서도 공격적인 발언이 쏟아졌다. 이재명 경기도지사는 "독점의 횡포"라며 공공 배달앱을 개발하겠다고 밝히기도 했다. 여론이 악화하자 배달의민족 측은 보완책을 내놓겠다고 밝혔으나 악화된 여론은 쉽게 가라앉지 않았다. 딜리버리히어로와의 기업 결합 승인 심사를 진행하는 공정거래위원회는 강도 높은 조사를 예고했다. 결국, 오픈 서비스를 내놓은 지 열흘 만인 2020년 4월 10일, 우아한형제들의 김봉진 의장과 김범준 대표는 공동 명의로 공식 사과문을 발표하고 오픈 서비스를 전면 백지화한다.

하지만 자영업자들의 불안감은 줄어들지 않고 있다. 언제든 수수료를 인상해도 이상할 게 없는 구조이기 때문이다. 이런 흐름은 단지 배달앱만의 일은 아니었다.

택시 플랫폼

늦잠을 잔 직장인 A씨. 지각을 면하기 위해 카카오T 앱을 켜고 택시를 불렀지만 10분이 지나도 콜을 받는 택시가 없었다. 답답한 상황이 이어지는 가운데, 카카오T 앱에서 "근처에 바로 배차되는 블루 택시가 있어요"라는 광고 문구가 떴다. 1500원을 더 내면+ 곧바로 배차되는 택시를 보내 준다는 것이었다. A씨는 이렇게 웃돈을 주는 택시 말고는 정말 주변에 일반 택시가 없는 것인지 의문이었지만 고민할 겨를은 없었다. 다른 택시앱은 깔아 놓지도 않은 상태였다. 그는 결국 블루 택시를 선택했다. 이런 웃돈을 주는 관행은 언제부터 생긴 걸까? 블루 택시는 대체 어떤 택시길래 빠른 배차가 가능한 걸까?

2015년에 출시한 카카오T는 처음엔 택시 기사들로부터 중개 수수료를 받지 않겠다며 등장했다. 택시 기사는 현 위치에서 손쉽게 손님을 태울 수 있어서 좋고, 고객은 택시를 기다리지 않아도 되는 장점을 내세우며 공격적 마케팅을 펼친 결과, 카카오T는 2021년 택시 호출 중개 사업의 80퍼센트(이용객 2800만 명)를 차지하게 된다(카카오T를 운영하는 카카오모빌리티에 가입한 택시 기사 회원 수는 2021년 현재 23만 명이다).

하지만 문제가 있었다. 점유율이 높아도 수익은 적었다. 기사에게 수수료를 받지 않았기 때문이다. 2019년, 카카오모빌리티가 수수료 수입이 있는 '가맹 택시업'에 눈을 돌린 이유다. 카카오T 블루는 여기서 탄생했다.

+ 추가 요금은 인공지능의 계산에 의해 목적지까지의 거리, 시간대 등에 따라 달라지기도 하고, 어떤 프로모션을 하느냐에 따라 수시로 바뀐다.

가맹 택시업은 플랫폼 사업자가 개인·법인택시 사업자의 운송 서비스를 관리해 주는 대신 매출에서 일정 비율(카카오모빌리티의 경우 20퍼센트)을 수수료로 떼가는 서비스다. 블루는 이렇게 가맹 계약을 맺은 택시들을 말하는데, 카카오가 이들에게 우선적으로 손님 콜을 배차해 주는 대신 택시 기사들은 매출의 약 20퍼센트를 카카오모빌리티에 지불해야 한다.

2021년 1분기 기준, 카카오모빌리티의 가맹 택시 사업에 계약된 블루 택시는 2만1000대다. 이 숫자는 전국 가맹 택시 3만539대의 절반 수준이고, 전국 총 택시 27만 대의 9분의 1을 차지한다.

여기에 더해 2021년 3월 초, 카카오모빌리티는 시장점유율 80퍼센트를 무기로 VCNC, 우버코리아, KST모빌리티 등 다른 가맹 택시 기사들에게 카카오T 서비스를 이용하려면 일정 수수료를 내라고 제안했다. 사실상 자신들과 가맹 계약을 맺으라는 뜻이었다.+

+ 2020년 3월 국회를 통과한 여객자동차 운수사업법 개정안을 보면, 기존 운송업 체계에서 운송 플랫폼 사업을 신설, 이를 세 가지 유형으로 구분했다. ① 첫 번째로 플랫폼 사업자가 직접 택시를 확보해 운송하는 '플랫폼 운송 사업'이다. 이는 업체가 차와 택시 면허를 소유하고 운전기사만 고용하는 기존 택시 운수업체를 생각하면 된다. ② 두 번째가 중요한데, 운송 플랫폼을 확보하고 택시를 가맹점으로 모집해 유상 운송 서비스를 제공하는 '플랫폼 가맹 사업'이다. 업계에서는 두 번째 유형이 국내 모빌리티 플랫폼 시장을 이끌 것으로 판단한다. 이 유형에는 카카오모빌리티에서 운영하는 카카오T블루, 우버코리아가 운영하는 우버 택시 등이 있다. ③ 마지막으로, 플랫폼을 통해 여객과 운송 차량을 중개하는 서비

카카오가 이처럼 가맹 택시업을 확대하려는 건, 여기서 나오는 수익이 상당하기 때문이다. 일례로 가맹 사업(카카오T 블루)을 하는 카카오모빌리티의 자회사 케이엠솔루션의 2020년 매출은 141억 원으로 전년도 3억6000만 원보다 33배 가까이 늘어났다. 순이익도 11억 원 적자에서 24억 원 흑자로 전환됐다. 1년 사이에 계약을 맺은 가맹 택시 수가 기하급수적으로 늘어났기 때문이다. 2020년 연초만 해도 1500대 수준이었던 가맹 택시 수는 4월 5200대, 6월 말 9800대, 12월 말 1만6000대로 1년 동안 약 10배가 늘었다.

반면, 코로나19의 여파로 2020년, 택시 기사들의 수입은 되레 급감했다. 서울시에 따르면 2020년 서울의 개인택시와 법인택시의 경우 수입은 티머니 결제 기준으로 71억6000만 원이었다. 이는 전년보다 25퍼센트 가까이 줄어든 수치다. 좀 더 자세히 살펴보면, 티머니의 「개인택시 운행 통계」에 따르면 2020년 개인택시의 연간 총 영업 건수는 1억6404건으로 전년(2억1345건)보다 23.1퍼센트 줄어들었다. 2020년

스만 제공하는 '플랫폼 중개 사업'이 있는데, 카카오T가 여기에 속한다. 카카오모빌리티는 택시 업계에서 압도적인 비중을 차지하는 카카오T를 이용해, 택시 기사들을 자신들이 운영하는 두 번째 유형(카카오T블루)으로의 가맹을 유도하고 있는 것이다.

독점 후 수익화에 나서는 패턴은 대리운전 플랫폼도 마찬가지다. 2015년 대리업에 뛰어든 카카오는 대리 기사들에게 20퍼센트 수수료 말고는 대리 기사들이 내야 하는 보험료 등의 비용을 받지 않았다. 그러다 3년 뒤인 2018년, 일정 시간 콜을 우선 배정받는 "프로 단독 배정권"을 내놓으며 유료화에 나섰다.

영업 매출 역시 전년보다 22.7% 감소한 1조5111억 원으로 집계됐다. 법인택시도 마찬가지다. 서울택시정보시스템STIS에 따르면 총 운송 수입금은 2020년 1조11893억 원으로 전년(1조5752억 원)보다 약 25퍼센트 감소했다.

이뿐만 아니라 카카오모빌리티는 같은 시기 월 9만9000원의 택시 기사 전용 "프로 멤버십"(우선 배차권)을 출시했다. 여기에 가입하면 기사가 원하는 목적지의 콜과 현재 주변의 콜 위치를 좀 더 빠르게 확인할 수 있도록 해준다는 명목이었다. 카카오모빌리티는 이를 선택하지 않아도 기존 카카오T 서비스는 그대로 이용할 수 있다고 설명했지만, 택시업계는 이를 유료화 수순이라고 해석했다. 프로 멤버십에 가입하지 않을 경우 카카오T에서 콜을 제대로 배정받지 못할 게 뻔한 일이었기 때문이다.

이런 카카오T의 독점이 낳는 문제는 비단 택시 기사에게만 국한되지는 않을 듯하다. 카카오모빌리티는 2021년 7월 30일, 카카오T의 스마트 호출 요금제를 기존 정액제에서+ 탄력 요금제로 바꿨다. 탄력 요금제는 AI 시스템에 따라 승객과 택시의 수급 상황을 따져 0~5000원의 추가 이용료가 붙는다. 택시는 부족하고 승객은 많은 평일 저녁 퇴근 시간대의 경우, 이용료가 최대 5000원까지 추가될 수 있다는 뜻이다. 또 모범 호출도 기존 0~2000원이었던 추가 이용료를 0~5000

+ 정액제에서는 택시비 외에 1000원(심야 2000원)의 추가 이용료가 붙었다.

원으로 변경했다. 그나마 여론의 뭇매를 맞고는 최대 5000원까지 추가되는 스마트 호출 요금제를 최대 2000원으로 내렸다. 일반 호출에는 변함없이 추가 이용료가 부과되지 않았지만, 언제 이용료가 추가될지는 모를 일이다.

탈법과 합법의 경계에서

"공유 경제"와 "상생"을 추구한다는 배달앱이지만, 배달의민족의 B마트 사업 같은 것은 골목 상권을 넘보는 대기업과 다르지 않았다.

B마트는 서비스를 시작한 2019년 11월 이후 꾸준히 매출이 증가해 2020년 8월 기준으로 서비스 개시 초기에 비해 10배가량 증가했다(정확한 수치는 밝히지 않았다). 이 같은 성장은 온라인 시장의 확대와 코로나19의 영향도 있지만, 기존 법과 제도의 규제로부터 벗어나 있기에 가능한 것이기도 했다.

예를 들어 가격 인상으로 논란이 된 카카오T의 경우, "알고리즘에 의해" 인상된 가격을 적용하는 것이라고 주장한다. 기업의 결정이아닌 알고리즘에 의해 손님이 적은 시간대에는 택시 가격을 낮게, 손님이 많은 시간대에는 가격을 높게 책정한다는 것이다. 이런 방식은아마존과 비슷하다. 사업 초기에 저렴한 가격에 서비스를 제공해 점유율을 높인 뒤, 점유율이 오르고 나면 알고리즘을 도입해서 가격을 올리는 것이다. 문제는 이럴 경우 업체가 가격을 올렸다고 단정적으로 말하기 어려운 부분이 생긴다는 점이다.+ 물론, 이런 행위는 독점금지법하에서 독점화 내지는 가격 차별 행위로서 그 위법성 여부를 판단할 수 있다. 우리로 따지면 '독점 규제 및 공정거래에 관한 법률'에서 규정하는 "불공정 거래 행위"가 되는 것이다. 하지만 이 법이 적용되려면 기업이 가격을 인상한 사실이 입증되어야 하는데, 플랫폼 기업은 알고리즘에 의해 가격이 결정된다고 주장하기 때문에 그 입증이 어려운 것이다.++

게다가 기존 산업들보다 세금 징수도 어렵다. 과학기술정보통신부가 발표한 「2019 모바일콘텐츠 산업 현황 실태 조사」를 보면, 2019년 구글코리아의 국내 매출액은 5조4780억 원으로 추정되나 국내에 낸 세금은 97억 원에 불과했다. 제조 공장이 없는 IT 기업은 서버가 있는 곳을 사업장으로 지정하는데, 구글코리아의 서버는 싱가포르에 있기

+ 리나 칸 미 연방거래위원회 위원장은 이와 같이 저렴한 가격으로 경쟁 사업자를 배제시켜 독점적 지위를 확보한 뒤 그때부터 가격을 인상하는 패턴을 가리켜 "약탈적 가격 책정"이라 규정했다.

++ 미 연방거래위원회는 2020년 12월, 페이스북이 소셜네트워크 시장에서 독점적 지위를 남용하고 있다면서 연방법원에 소송을 제기했다. 페이스북이 독점력을 강화하기 위해 인스타그램, 왓츠앱 등 경쟁사를 인수하는 전략을 썼을 뿐만 아니라 경쟁 업체들의 성장을 막았다는 게 주요 내용이다. 하지만 법원은 페이스북이 독점기업이라는 증거를 제시하지 못했다면서 2021년 6월, 소송을 기각했다.

때문이다(지불한 세금은 광고 수익에 대한 것이다). 국내에 진출한 다국적 IT 기업도 마찬가지다. 국세청에 따르면 구글·페이스북·아마존·유튜브 등 134개 다국적 IT 기업이 얻은 수익에 대한 세금은 2019년 총 2367억 원이었고, 페이스북이 낸 세금은 고작 35억 원이었다(같은 해 네이버가 낸 법인세는 4500억 원이다). 이런 식의 '절세'는 다국적기업, 최근에는 특히 플랫폼 기업의 관행적 수법이다.+ 대부분의 기업들이 조세 회피 지역이나 법인세가 낮은 곳에 사업장을 두고, 국내에서 벌어들인 돈에 대한 세금을 내지 않는다. 이런 방식을 IT 기업들은 합법적인 절세라고 주장하지만, 사실상 법망을 교묘히 빠져나가는 '탈세'에 가깝다.

이런 합법을 가장한 탈법은 배달의민족도 마찬가지다. 배달의민족이 운영하는 B마트는 배달 서비스라는 이유로 기존 마트와 달리 "온라인 무점포 소매"로 분류돼 있어 월 2회 의무 휴무, 영업시간 제한 등의 각종 법적 제재를 받지 않는다. 또한 대형 마트와 기업형 슈퍼마켓SSM은 중소기업 적합 업종으로 지정된 상품을 팔려면 중소기업과 협의해야 하는데,++ 칫솔 하나, 아이들 준비물 같은 것들을 무료로 배

+ 이런 절세 방법을 두고 "더블 아이리시 위드 더치 샌드위치"라고 하는데, 이유는 법인이 아일랜드에 둘, 네덜란드에 하나, 버뮤다나 바하마 같이 법인세가 없는 국가에 하나, 총 네 개가 필요하기 때문이다. 더블 아이리시는 애플이 1980년대 창안했으며, 네덜란드까지 이용하는 더치 샌드위치는 이후 구글이 보완했다.

++ 동반성장위원회에 따르면 2020년 기준으로 (떡볶이떡 등) 제조업 4개, (보험대차 서비스업 등) 서비스업 6개가 중소기업 적합 업종으로 지정돼 있다. 앞서는 김치, 단무지, 막걸리 등 제조업에

송해 주는(최소 주문 금액은 1만 원이다) B마트는 이런 규제도 받지 않는 다. 예를 들어 이마트, 홈플러스, 롯데마트 등 대형 마트 3사는 2019 년 8월부터 2022년 7월까지 중소기업 적합 업종으로 지정된 문구 업 종과 관련해서, 18개 문구류 품목을 묶음 단위로만 판매하고 있다. 전 국 750여 개의 직영점을 운영 중인 다이소도 2018년부터 이를 실행 중이다. 적어도 공책과 연필 등을 낱개로 판매해서 동네 문방구 밥그 릇까지 빼앗지는 않겠다는 취지다. 또한 신학기 시즌인 2월과 8월에 는 할인 행사를 하지 않는다. 이성원 한국중소상인자영업자총연합회 사무총장은 "당시 대형 마트 3사와 중소 상인들이 협상한 결과가 문 구류 묶음 판매였다"면서 "그런데 B마트는 그런 합의나 규제는 안중 에도 없다는 듯 무시하고 있다"라고 비판했다.

B마트가 사실상 배달의민족에서 운영하는 유통업이라는 지적도 제기된다. 이성원 사무총장은 "배달앱이 이전까지는 배달 중개만 했 다면, 이제는 온라인 배달까지 직접 진출한 것"이라며 "게다가 소량까 지" 배달하고 있음을 강조했다.

장기적으로는 자체 브랜드 제품private brand goods(이하 PB 제품)을 중심으로 판매를 확대해 나갈 것으로 보인다는 게 가장 우려되는 지점 이다.+ 실제 그런 움직임은 진행 중이다. 이성원 사무총장은 이미 B

서 85개, 제과점업, 서적 및 잡지류 소매업 등 서비스업에서 15개 품목을 중소기업 적합 업종으로 지정된 바 있다.

+   이마트가 2015년 4월, 자체 브랜드 "노브랜드"를 마트 내 한쪽 구

마트에서 PB 제품이 빠르게 늘고 있다며 다음과 같이 지적했다.

B마트에는 매일 새로운 물건들이 끊이지 않고 계속 들어와요. 뭐 이런 것까지 배달하나 싶을 정도로. 그중 PB 제품이 빠른 속도로 늘어나고 있는 걸 주목해야 해요. 주문이 가장 많은 계란, 즉석 밥, 냉동 만두 외에도 최근에는 휴지, 채소 등에서도 자체 상품이 들어오고 있어요. 소분류된 자잘한 제품들을 기발하게 제작해서 배달하는데, 그 주문량이 꽤 된다고 해요.

장기적으로는 아마 PB 제품 중심으로 B마트에서 판매와 배달을 동시에 할 거라고 예상돼요. 대기업에서 잘하는 패턴이죠. 납품 업체에서 물건 받아 장사하다가 시장을 장악한 이후에는 PB로 장사를 하는 거예요. 말로만 "공유 경제, 공유 경제" 하죠. 하지만 대기업은 공생을 한 적이 없어요.

과연 플랫폼 기업들은 누구와 무엇을 공유하는 걸까?

석에서 팔 때만 해도 뚜껑 없는 변기 시트와 와이퍼, 건전지 등 총 9개 품목에 불과했다. 지금은 어떨까. 노브랜드 제품들로만 이루어진 독립 매장까지 생겼다. 점포 수는 2016년 7개, 2017년 92개, 2018년 220개, 2019년 269개, 2021년 280개로 꾸준히 늘어났다. 판매하는 상품 종류만 6000가지에 이른다. 대기업의 골목 상권 침투를 막는 규제를 우회한 결과다.

5

플랫폼 기업,

그들이 사는 법

일감과 일자리

2006년 여름 새벽 6시, 신촌 로터리 인근 3층 건물에 위치한 직업소
개소. 문을 열고 들어서자 눅눅한 냄새가 풍겼다. 시끄러운 TV 소리.
한가운데 놓인 플라스틱 의자 주변으로 10여 명의 사람들이 TV에 시
선을 멈춘 채 오늘 하루 일감을 기다리고 있었다.

"안에서 기다리세요."

무표정한 얼굴의 소장은 한마디 툭 건네고 입을 닫았다. 기다리
라는 말은 오늘 어쩌면 일감을 받지 못할 수도 있다는 뜻이다.

농사짓기 싫어 시골에서 2년 전 상경했다는 김병수 씨(32)는 큰
체격에 검게 그을린 얼굴이 인상적이었다. 몸은 튼튼한데 이렇다 할
재주도 없고, 웬만한 일들 중에서는 가장 돈을 많이 준다고 해서 막노
동을 시작했다. 김 씨는 현재 9개월 동안 한 달에 하루만 쉬고 계속 일
하고 있다.

또 다른 일용직 노동자 박성수 씨(43)는 얼마 전까지 택배 배송
업무를 하다가 큰 사고를 내 일을 그만두고 이곳으로 왔다. 낡은 조끼
에 오래된 등산화를 신은 박 씨는 돈을 모아 술집을 여는 게 꿈이다.

이영조 씨(45)는 한때 그런대로 먹고살 정도의 인쇄소를 가지고

있었지만 IMF 때 부도를 맞았다. 결국 집까지 팔고 아내와 자식들은 처갓집에서, 자신은 고시원에서 하루하루를 이어 가고 있다. 구두와 정장 바지를 입은 그의 꿈은 가족들과 함께 사는 것이다.

이곳에 모인 사람들은 시간이 지날수록 하나둘씩 각자 일감을 얻어 빠져나갔다. 인력소장이 손에 든 볼펜을 머리 위로 까딱거리면서 "아파트 공사 현장 가실 분 세 명", "이삿짐 하실 분 두 명" 이렇게 일감을 불러 주면, 지원자는 손을 들고 자신이 지목되길 기다려야 한다. 어찌 보면 맘에 드는 일감을 자발적으로 선택하는 것 같기도 하지만 사실 선택은 인력소장의 몫이다.

활황기가 아니면 보통 인력소에 들어오는 일감보다 일하러 오는 노동자가 더 많다. 그중에서도 편하고 쉬운 일은 더 희소하다. 인력소장이 "○○ 가실 분?" 할 때마다 연신 손을 들어도 번번이 선택되지 못하는 사람들이 있다. 이들은 새벽부터 나와 기다려도 결국 선택당하지 못하고 발걸음을 되돌리거나 원치 않는 일감을 어쩔 수 없이 택해야 한다.

이렇게 일당으로 일하는 노동자들은 4대 보험이나 퇴직금, 휴일, 초과 근로 수당이 없는 것은 물론이고, 안전화 같이 업무에 필요한 소모품들까지 자신이 직접 구비해야 한다. 노동 유연화의 가장 밑자락에 놓인 소개소를 찾는 이들은 어디에도 취업하기 어려운 취약 계층이지만 이곳에서 어렵게 일을 구해도 이들에게 적용되는 사회보장법은 거의 없다.

이런 과거 인력소의 새벽 풍경은 지금 플랫폼 노동자의 상황과 얼마나 다를까? 우선 일자리 대신 일감을 제공한다는 점, 진입 장벽이 낮아 손쉽게 구직 활동에 뛰어들 수 있다는 점에서 이 둘은 공통점을 가진다. 2018년 한국고용정보원의 조사에 따르면, 플랫폼 노동에 종사하는 이유는 "일거리를 구하기 쉬워서"(28.9퍼센트), "당장 수입이 필요해서"(28.0퍼센트), "근무시간을 선택할 수 있어서"(28.0퍼센트) 등으로 나타났다.

임금이 다른 업종보다 상대적으로 높다는 장점도 비슷하다. 한 달을 꽉 채워 풀타임으로 일하면 음식 배달로 400~500만 원의 수입이 가능한데, 인력소에서 주로 소개하는 막노동도 마찬가지로 하루도 쉬지 않고 일한다면 비슷한 액수를 벌 수 있다(막노동 일당은 11~12만 원 정도로 하루도 쉬지 않고 일하면 한 달에 330~360만 원 정도를 벌 수 있다. 야간에 일할 경우 수입은 400~500만 원까지 올라간다). 하지만 두 직업 모두 이런 수입을 위해선 '하루 12시간, 주 6~7일 근무'라는 장시간 노동이 필요하다. 한국고용정보원 조사를 보면, 일주일에 6일 이상 근무하는 음식 배달원은 85.7퍼센트이며, 일주일에 40~52시간 근무하는 경우가 44.9퍼센트, 53시간 이상 근무하는 경우도 45.9퍼센트나 됐다.

수수료를 떼이는 구조 역시 비슷해서 인력소나 배달 플랫폼이나 보통 하루 수입의 10퍼센트를 떼간다. 자연히 한 달에 버는 수입은 알려진 것보다 더 작다.

무엇보다 비슷한 점은 자율성 뒤에 숨은 강제성이다. 플랫폼 배달 노동자는 콜을 자신이 선택할 수 있지만, 거부할 경우 페널티가 부과된다. 소비자에게 낮은 평가를 받을 경우에도 마찬가지다. 근무시간이 자유로우나 배달이 몰리는 특정 시간에 배달하지 않으면 마찬가지로 페널티가 부과된다. 인력소의 경우, 그날 들어온 일 중에서 하고 싶은 일을 스스로 선택하는 것처럼 보이지만 일하는 사람 입장에서 사실상 거부란 불가능하며, 소장의 눈 밖에 난 노동자들은 다들 꺼리는 힘든 업무에 배치되기도 한다(물론 아예 일감을 얻지 못할 수도 있다).

인력소와 플랫폼은 둘 다 언제든 일할 수 있는 노동자가 상시 대기하는 구조 위에서 움직인다. 새벽같이 인력소를 찾아와 일감을 기다리는 노동자들은 플랫폼 앱에 로그인해 놓고 주문이 뜨길 기다리는 노동자들과 같다. 대기 노동 인력의 존재는 인력소와 플랫폼을 움직이는 근본적 원동력이다. 이들이 없으면 인력소도 플랫폼도 존재할 수 없다.

국회에서는 2021년 3월 18일, '플랫폼 종사자 보호 및 지원 등에 관한 법률안'과 '직업안정법 전부 개정안'이 발의됐다. 자영업으로 분류돼 노동법의 보호를 받지 못하는 "플랫폼 종사자"들의 권익을 보호한다는 명목이었다.[+] 하지만 그 내용을 보면, 사업주에게 "서면으로 계약서를 제공할 의무", "계약을 변경·해지할 경우 10~15일 이전에 서면으로 이유와 시기 등을 고지"할 의무 등을 부과한 데 불과했다.

노동계에서는 이와 같이 플랫폼 노동자들에게만 적용되는 별도

+ 이 법은 2021년 7월 현재 국회 계류 중이다.

의 법을 만드는 것에 반대한다. 기존 노동법으로 플랫폼 노동자를 보호할 수 있는데도 그보다 보호의 수위가 낮은 새로운 법을 만들어 적용함으로써 오히려 지금과 같은 현실을 공고히 한다는 것이다.

현재 플랫폼 업체들은 '특고' 신분인 노동자들과 '사장 대 사장'으로 위탁계약을 맺고 있어 기업이 의무적으로 이행해야 하는 근로기준법이나 산안법은 물론, 4대 보험 등도 가입할 필요가 없다. '특고' 신분인 플랫폼 노동자들은 노동법 적용을 받지 못하기 때문에, 단체 행동을 통해 수수료 인하나 노동조건 개선 등을 요구할 수 없다.

플랫폼 산업은 코로나19 시대에 사라진 '일자리' 대신 새로운 '일감'을 던져 주었다. 또 무엇보다 소비자에게 엄청난 편의를 제공해 주었다. 이런 "혁신"에 가려 플랫폼 산업을 규제하는 움직임은 "구악"으로 치부되며 그간 우리 사회가 만들어 놓은 노동법이나 사회보험 등을 무력화하고 있다. 일하는 사람의 입장에서 4차 산업을 표방하는 플랫폼 산업이 과거 인력소보다 발전한 점은 과연 무엇일까?

혁신의 현장, 카카오 카풀

2018년 10월 18일, 전국에서 몰려든 3만 명의 택시 기사들이 서울 광화문 광장 일대를 가득 메웠다. 광장 한가운데 위치한 단상 앞에는 대구·제주·전남·경북 등 전국 각지의 개인택시운송사업조합에서 가져온

깃발들이 나부끼고 있었다. "카풀앱 불법 영업 퇴출!" "비정규직 양산 카풀!" "서민 택시 파탄 주범 불법 카풀 몰아내자!" 등의 현수막이 정부서울청사 별관 앞에 걸렸다. 카카오의 자회사 카카오모빌리티에서 출시를 예고한 카카오 카풀 서비스를 저지하기 위해 모인 것이다. 택시 기사들은 "카풀앱 불법 영업 OUT"이라는 글이 적힌 지라시를 구호에 맞춰 연신 머리 위로 들어 올렸다.

하루 열 시간씩 일하며 명절에도, 대중교통이 모두 끊긴 시간에도 시민의 발이 되어 왔는데 돌아오는 결과가 고작 이것입니다. 법망을 피해서 자가용 승용차도 택시처럼 영업할 수 있도록 하고, 대형 IT 업체가 중간에서 이익을 챙기는 게 어떻게 4차 산업입니까!

연단에 선 박복규 전국택시연합회장은 울분 섞인 목소리로 말했다. 카카오 카풀은 출퇴근길에 목적지가 비슷한 사람들끼리 함께 이동할 수 있도록 운전자와 탑승자를 연결해 주는 서비스다. 운전자가 되려면 스마트폰에 앱을 설치하고 운전면허증과 차량등록증을 사진으로 찍어 올리기만 하면 된다. 카풀 서비스를 이용하려는 탑승자가 앱에 행선지를 입력하면 방향이나 행선지가 맞는 운전자가 이를 수락하는 식으로 연결되고, 비용은 탑승자가 운전자에게 지급한다. 탑승자는 일반 택시보다 30퍼센트 정도 저렴한 가격에 이동할 수 있고, 이를 중개하는 카카오는 운전자가 받는 요금에서 일정 수수료를 챙기는 구조다.

사실 과거의 카풀은 약속이 성사되기 어려웠다. 카풀을 할 수 있는 지인이 한정돼 있을 뿐만 아니라 설사 있다 해도 가는 방향과 시간 등의 조건이 일치하기 힘들었다. 집 방향이 같은 직장 동료가 사실상 차를 공유할 수 있는 풀의 전부였으며, 그런 어려움을 뚫고 카풀이 성사됐다 해도 개인 사정으로 취소되는 경우가 많았다. 그런데 위치 기반 서비스를 기본으로 하는 카풀앱은 그런 문제를 일시에 해소해 줄 수 있었다. 탑승자 입장에서는 기존 택시보다 저렴할 뿐만 아니라 택시가 잡히지 않는 출퇴근 시간에 요긴하게 쓸 수 있어 좋았고, 운전자 입장에서도 자신이 가는 방향과 같은 곳으로 가기에 부담이 없고, 일정 요금을 받기에 기름값이라도 충당할 수 있어 환호했다.

하지만 한편에서는 범죄에 악용될 소지가 크다는 지적이 나왔다. 2018년 5월과 8월 중국에서는 차량 공유 서비스 디디추싱을 이용한 두 명의 20대 여성이 성폭행 당한 뒤 변사체로 발견되기도 했다. 2016년 중국 남부에서는 이를 이용한 24세 여성이 살해당한 사건도 있었다. 카풀 운전자는 택시와 달리 면허제가 아닌 등록제라 성범죄나 마약, 폭력, 음주운전 경력을 확인하기 어렵기 때문이다.+

택시 수준의 서비스를 기대하기 어렵다는 지적도 있었다. 카풀

+ 현행 여객자동차운수사업법에 따르면, 택시 기사가 살인, 강도, 성폭행·추행, 아동과 청소년에 대한 성폭력, 마약 복용 등 중범죄를 저질러 금고 이상의 형을 받을 경우, 지방자치단체가 택시 운전 자격을 취소할 수 있게 돼 있다. 2012년 8월 법 개정으로 살인·성범죄·마약 등 중범죄 전과자의 택시 운전 자격 취득 제한 기간도 2년에서 20년으로 늘었다. 지자체는 택시 면허증을 발급할 때, 운전자의 강간·절도 등 범죄 경력을 조회한 뒤 자격 여부를 판단한다.

차량이 배차되는 데까지 30분이 넘게 걸리는 경우도 많고 배차 이후 픽업 장소까지 오는 데에도 상당한 시간이 걸려, 급할 때 서비스를 이용하기가 쉽지 않다는 것이다.

그런데도 택시 기사들이 카카오 카풀을 자신들의 생존권을 위협하는 존재로 받아들인 이유는 뭘까? 사실 카카오가 시장에 진입하려던 2018년 기준으로 출퇴근 시간대 카풀은 합법적인 제도로 이미 원더풀카풀, 플러스, 럭시 등 다양한 앱에서 시행되고 있었다. 그런데 택시 기사들은 유독 카카오 카풀에만 극렬히 반대했다.

이는 종전의 카풀 사업이 동호회 수준이라 할 정도로 워낙 소규모여서 본격적으로 상업성을 띤다고 보기는 어려웠던 반면, 카카오 카풀은 사실상 플랫폼 경제를 장악한 자본력을 통해 자가용으로 택시 영업을 하겠다는 것이나 다름없었기 때문이다. 국민 대다수가 사용하는 카카오의 절대적인 점유율이 카풀앱에 활용될 경우, 단기간 급성장할 것임은 자명한 일이었다. 실제로 카카오가 카카오T 카풀앱을 공개한 뒤 며칠 안 돼 이를 내려받은 사람은 10만 명을 넘었다.

카카오 측은 출퇴근 시간대에만 운영될 계획이라 택시 업계에 타격을 주지 않는다면서 외려 출퇴근 시간대에 반복되는 승차난을 해결하는 데 큰 도움을 줄 것이라 주장했다. 실제 카카오 모빌리티가 발간한 「2018 카카오 모빌리티 리포트」를 보면, 9월 20일 오전 8시부터 한 시간 동안 카카오T 택시 호출은 약 20만5000건에 달한 반면, 배차를 수락한 차량은 3만7000대에 불과해 호출의 80퍼센트 이상이 공급 불가능한 상태로 나온다.

하지만 택시 기사들은 공급 부족인 택시의 대체재로 등장한 카풀이 서비스를 제공하는 시간대를 점차 늘려 갈 것이 분명하고 결국 택시업은 도태될 수밖에 없다고 판단했다. 카풀 서비스를 출퇴근 시간대에서 평시로 확대할 경우 늘어날 수익이 뻔히 보이는데 카카오가 이를 포기할 리 없다는 것이다. 택시 기사들은 소비자의 호응과 거대 기업의 자본 및 로비가 이를 가능하게 할 것이라 확신했다.

또 이들이 더 큰 문제로 본 것은 택시 운송 사업 면허의 시세 하락이었다. 서울시의 경우, 개인택시 면허 하나당 1억 원에 가까운 시세가 형성돼 있다. 하이투자증권이 BBC코리아에 제공한 자료에 따르면 서울·경기 택시 운송 사업 면허 시장은 총 5조8000억 원에 달한다. 『뉴욕타임스』 보도를 보면,+ 우리보다 먼저 차량 공유 서비스를 도입한 뉴욕의 경우, 2014년 100만 달러(약 11억 6000만 원)까지 치솟았던 택시 면허 가격이 2018년 12월, 20만 달러까지 내려앉았다. 많은 택시 기사들이 은퇴할 즈음 이를 팔아 노후 자금을 마련해 왔는데, 차량 공유 서비스의 등장으로 이 자금이 사라져 버린 것이다. 게다가 택시

+ "Why Are Taxi Drivers in New York Killing Themselves?" *New York Times*(2018/12/03). 이에 따르면 2018년 한 해 동안 뉴욕에서 자살한 택시 기사들 가운데 여덟 번째 인물인 로이 킴(58)은 한국계 이민자로 4년 넘게 뉴욕에서 택시를 몰다 2017년, 택시 면허를 57만8000달러에 샀다. 자살한 기사들 가운데 루마니아와 미얀마에서 온 다른 두 기사 역시 택시 면허를 소유하고 있었다. 2월에 자살한 흑인 택시 기사는 생전에 "우버의 등장 이후로 살아남기 위해선 일주일에 100시간을 일해야 한다"라는 글을 페이스북에 남겼다.

면허를 구입하기 위해 대출을 받은 대다수 택시 기사들은 구입 당시보다 낮아진 택시 면허 가치와 수입 감소로 대출을 갚기 어려워지면서 파산을 신청하거나 택시 면허를 반납하는 일도 빈번해졌다.

한국도 비슷한 조짐이 보이기 시작했다. 택시 업계의 주장에 따르면, 카풀 서비스 도입을 발표한 직후 택시 권리금은 1000만~2000만 원가량 떨어졌다. 택시 매매 시세표에 따르면, 2018년 9월 8800만 원이었던 권리금은 카카오 카풀 논란이 불거진 2018년 말~2019년 1월 7100만 원에도 거래된 것으로 확인됐다. 택시 기사로서는 버티기 힘든 상황이 분명했다. 2018년 10월 18일, 광화문 광장에서 열린 전국 택시 단체의 카카오 카풀 반대 집회에 참석한 박인훈 씨(63)는 이렇게 말했다.

다니던 회사에서 퇴직한 뒤, 5년 가까이 법인택시를 몰았어요. 그러다 개인택시 면허를 1억 가까이 주고 샀는데, 이 면허가 지금 거의 30퍼센트 가까이 떨어졌더라고요. 카카오 카풀이 본격화되면 면허 가격이 5000만 원 밑으로까지 떨어질 수 있다고 해요. 이럴 거면 뭐하러 택시 운전을 하나 싶어요.

2018년 12월 10일, 택시 기사 최 씨(57)가 서울 여의도 국회경비대 앞 국회대로에서 "카카오 카풀 서비스 시행 반대한다"는 유서를 남기고 분신했다. 2019년 1월 9일에는 택시 기사 임 씨(64)가 광화문역 2번 출구 앞에서 분신했다. 분신 직전에 그는 카풀 반대 싸움을 함께한 동료들에게 "희망이 안 보인다. 카풀 이대로 두면 우리 다 죽는다"라는 말을 남겼다. 2019년 2월 11일에는 김 씨(63)가 서울 여의도 국회 정문 앞에서 분신했으나 다행히 생명은 건졌다. 김 씨 택시의 유리창에는 "강남 대의원 김○○"의 이름으로 "택시가 변해야 산다. 친절, 청결, 겸손이 답입니다", "카카오 앱을 지워야 우리가 살 길입니다"라고 적힌 전단이 붙어 있었다.

혁신의 현장, 타다

"나는 퍽이 있는 곳이 아니라, 퍽이 가야 할 곳으로 움직인다."

캐나다 아이스하키 선수 웨인 그레츠키가 남긴 말이다. 많은 사람들이 역사상 최고의 하키 선수로 기억하는 그레츠키는 정규 리그 최다 득점(894골), 최다 어시스트(1963개)를 포함해 북미아이스하키리그NHL 기록을 60개 이상 보유한 선수였다.

그의 이 명언은 기업가들 사이에서도 꽤나 회자되는 말이다. 스티브 잡스는 2007년 1월 9일, 샌프란시스코 모스콘 센터에서 열린 '맥 월드 엑스포'에서 이 명언을 가져왔다. 이날은 애플이 아이폰을 처음 발표한 날로 이동통신 역사에 길이 남을 혁명적인 날이었다. 자본가 입장에서는 '퍽이 가야 할 곳', 즉 소비자가 원하는 것을 미리 파악하고 이를 만들어 내는 게 중요하다. 플랫폼 산업이 이토록 성공할 수 있었던 요인 중 하나도 그런 소비자의 '니즈'를 파악하려 했던 기업가의 노력이라 할 수 있다.

소비자들이 기존 택시에 가지고 있던 가장 큰 불만은 '불친절'이었다. 2018년 서울시가 접수한 택시 관련 민원 1위는 "불친절"로 3512건에 달했다(그 밖에도 "불필요한 대화", "난폭 운전", "불쾌한 냄새" 등이 있었다). 또한 더불어민주당 소병훈 의원실에 따르면, 2015~18년 서울시에서 택시 승차 거부 민원 건수는 총 2만8211건에 달했다(연평균 민원 건수는 서울에서만 7053건이다).

2018년 10월 (주)VCNC(모회사 쏘카)가 출시한 모빌리티 플랫폼 타다TADA는 이런 소비자의 불만을 해소하는 데 역점을 두고 출범했다. "차량 공유 서비스"라고 했지만 '차량 및 기사 대여 서비스'라고 말하는 게 더 정확하다. "공유"가 되려면, 어떤 물건을 공동으로 소유하고 있는 사람들이 필요한 만큼 자유롭게 (무료로) 그것을 이용할 수 있어야 한다. 도서관이나 공원 등이 대표적이다. 하지만 타다는 차량을 모기업인 쏘카로부터 렌트해서 사용할 뿐만 아니라, 기사도 상당 부분 모시러(시간제 수행 기사 서비스) 등 시중의 대리운전 업체로부터 공급받는다. 타다에서 직접 모집하기도 하지만, 물론 개인사업자로서 맺는 위탁계약이다. 타다는 이 두 가지, 즉 차량과 기사를 승객에게 연결만 해주고 수익을 올리는 것이다.

어찌됐든 타다는 택시보다 1.2배 비싼 가격에도 불구하고 서비스의 측면에서 폭발적인 호응을 불러일으켰다. "더 편안하게, 더 안전하게, 더 정직하게"가 타다의 목표다. 실제로도 서비스는 택시보다 압도적으로 좋다는 평가를 받았다. 이유는 간단하다. 타다 서비스를 이용한 고객으로부터 별점(0~5점)을 받고, 이것으로 기사들을 평가하기 때문이다. 낮은 평점을 받으면 페널티를 부과하거나 심한 경우 계약 해지까지 가능하다. 그러니 타다 기사들은 회사에서 지시한 고객 응대 매뉴얼을 철저히 지킬 수밖에 없다. 고객에게 함부로 말을 걸지 않는다든지 배차 콜을 거부하지 않는 것 등이 대표적이다. 직접적 감시보다 더 강력한 감시, 즉 소비자에 의한 감시가 이루어지는 것이다. 배달 앱 알고리즘이 라이더들의 노동을 통제하거나 고객 별점 제도가 음식점 업주들을 통제하는 역할을 하는 것처럼 말이다.

그렇다면 기존의 택시들은 왜 고객의 불만이나 민원 사항을 반영하지 못했을까? 기존의 택시 회사에서 기사들을 통제하는 수단은 사납금이다. 하루에 13시간 일하면 회사에 약 7만5000원을 사납금으로 내야 한다. 이는 7만5000원 이상의 매상을 올리기 위해 부지런히 달려야 한다는 뜻이다. 문제는 이런 성과 관리만으로는 손님을 대하는 서비스를 관리할 수 없다는 것이다. 목표 금액을 채웠지만, 그 과정에서 과속을 했는지, 승차 거부를 했는지 택시 업체는 알 수 없다.

이렇게 택시는 목표치 달성 여부만 보지만, 플랫폼은 목표치 달성 과정까지 세세하게 따질 수 있는 시스템을 마련한 셈이다. 물론 이 역시 소비자의 큰 호응을 얻는다. 플랫폼 택시를 이용하면 적어도 손님에게 반말이나 성희롱 발언을 하는 운전사는 만나지 않아도 된다거나 정치 이야기로 머리 아플 필요가 없다는 등 소비자에게 이런 서비스의 개선은 '혁신'이었다.

하지만 택시 업계의 강력한 반발로 국회가 2020년 3월 6일, 이른바 '타다금지법', 즉 차량 대여 사업자의 운전자 알선 예외 규정을 엄격히 하고 플랫폼 운송 사업자를 제도화하는 내용의 여객자동차운수사업법 개정안을 통과시키면서 타다는 서비스를 중단했다.

소비자들은 매우 아쉬워했다. 타다 서비스가 주는 편리함 뒤에 숨은 편법, 즉 운전자의 직접 고용을 거부하고 '개인 사업자'로 파견받아 사용하면서 기존 사업주가 치러야 하는 사회적 비용을 개인에게 전가하는 구조는 보이지 않았던 것이다.

그간 사회가 발전해 오면서 만들어진, 노동법이나 공정거래법, 독점 규제 등의 기존 제도나 시스템을 플랫폼 산업은 혁신을 가로막는 장벽이라고 주장한다. 그러면서 자신과 같은 신진 엘리트들은 기성 제도와 맞서 싸우면서 대중의 권익을 대변한다고 이야기한다. 그리고 대중의 권리를 보장하기 위해서라도 플랫폼 산업에 대한 규제를 풀어야 한다고 이야기한다. 하지만 타다 논란 당시 이와 같은 플랫폼 기업들의 주장에 대해 최종구 금융위원장은 다음과 같이 지적했다.

디지털 전환의 과정에서 일자리를 잃거나 소외되는 분들에 대한 존중과 배려, 그들의 사회적 충격을 관리하고 연착륙을 돕는 것, 혁신의 빛 반대편에 생긴 그늘을 함께 살피는 것이 혁신에 대한 지원 못지않게 중요합니다. 한 사회의 발전은 혁신에서 시작되지만 사회 구성원들을 보호하는 안전장치가 함께 마련돼야 사회 전체의 번영으로 귀결되기 때문입니다. 혁신의 궁극적 목표는 사회 전체의 후생을 높이는 것임을 항상 유념해야 합니다.[+]

플랫폼 경제를 이끄는 유휴 노동력의 기원

플랫폼 산업에서 노동자는 없다. 배달앱의 라이더들이나 청소앱의 가사 노동자들, 대리앱의 운전기사들 모두가 '사장'이다. 이런 새로운 고용 형태를 플랫폼 기업들은 노동자의 '선택'으로 포장한다. 시간에 구애받지 않으면서 자유롭게 일할 수 있고, 하기 싫은 일은 거부할 수 있는 등 일감의 내용도 스스로 선택할 수 있다고 말이다. 하지만 이는 과연 '선택'일까? 우리가 만난 대부분의 플랫폼 노동자들은 그것을 제외한 다른 선택지가 없었다. 게다가 대다수가 '용돈' 벌이가 아닌 생계를 위해 그 일을 하고 있었다. 플랫폼 노동시장의 진입 문턱이 낮다 보니 여기에 진입하는 이들 상당수는 사회 초년생이거나 기존의 1, 2차 노동시장에서도 밀려난 이들이었다.

한국 사회는 IMF 시기를 거치며 일자리의 상당 부분이 비정규직화되었다. 그에 따라 노동자들은 이전보다 더 위험하고 힘든 일에 내몰렸고 임금은 오히려 줄어들었다. 하지만 지금은 이런 비정규직 일자리마저 줄어들고 있다. 플랫폼 경제가 유휴 노동력을 기반으로 움직일 수 있는 것도 바로 이 때문이다. 일자리를 잃거나 찾을 수 없는 이들에겐 그나마 일감이 제공된다는 측면에서 긍정적으로 보일 수도 있지만, 플랫폼이 제공하는 일감의 질적 측면을 보면 열악한 일자리가 늘어나는 현실이 보인다. 기업이 비정규직을 고용해 최소한이나마 부담했던

+ 2019년 5월 23일, '코리아 핀테크 위크 2019' 기조연설 중에서.

책임조차 이제는 '사장'이라 불리는 특수 형태 근로 종사자 개인이 떠 안게 됐다. 일이 없어서 발생하는 경제적 부담, 노동력 재생산을 위한 비용, 일 때문에 다쳤을 경우 져야 하는 부담 등도 이제는 개인이 져야 하는 것이다.

일례로 타다의 경우, 타다와 계약을 맺은 기사들은 타다에 사실 상 고용되어 일한다. 운전 중 손님과 대화 금지, 콜 거부 금지 등 회사 에서 지시한 고객 응대 매뉴얼을 철저히 지켜야 하는 노동자지만 신분 은 개인 사업자다. 그래서 근로기준법, 산안법 등이 이들에겐 적용되 지 않는다. 대부분 평일과 주말을 나눠 새벽 6시~오후 4시(주간), 오 후 5시~다음날 새벽 3시(야간)까지 열 시간씩 일하고 일당 10만 원에 교통비 1만 원을 받지만, 이들에겐 주휴 수당, 야근 수당, 휴일 수당도 없다. 휴게 시간이 90분 있었지만, 일당을 약간 올려 주고 이를 무급 으로 변경하면서 운전하다 쉬는 것도 여의치 않게 됐다. 운전 중 사고 가 나서 차가 파손될 경우 수리비도 50만 원까지 기사 부담이다(50만 원 이상이면 회사와 반반 부담한다). 이런 노동조건은 타다 기사들이 선택 한 걸까. 성신여대 법대 권오성 교수는 이렇게 말한다.

자유로운 시장보다는 하나의 위계적 조직에 가깝다. 이들은 기업이 자기 직원에게 일 시키는 것과 똑같은 방식으로 일감을 할당하고 일하는 방식 을 통제한다. 그렇다면 플랫폼을 기반으로 일하는 이들에게도 노동법을 적용하는 게 공정하지 않나. 하지만 플랫폼 기업들은 이런 노동자를 프 리랜서로 위장하고 노동법을 적용하지 않는 것을 혁신이라고 말한다. 노동은 상품이 아니라고 규정한 국제노동기구헌장[필라델피아선언]과는 반대로, 노동을 그저 온라인상에서 일감 단위로 거래되는 상품으로 취급하고 노동법을 회피하는 기법에 우리는 "혁신"이라는 이름을 붙여 줬다.

혁신이란 문자 그대로 가죽을 새롭게 한다는 건데, 플랫폼 기업이 혁신이라고 말하는 사업 모델의 본질은 규제를 회피함으로써 기업 스스로 부담해야 하는 것들을 사회나 노동자 개인에게 전가하는 것이다. 플랫폼 기업이 말하는 혁신은 자기 가죽이 아니라 남의 가죽을 벗기는 것이다.[+]

사람이 빠져 있다

1912년, 2224명이 타고 있던 타이타닉호에 구명정은 비상용 구명보트 열여섯 척과 조립식 보트 네 척이 전부였다. 이를 합하면 1178명밖에 구조할 수 없었다. 결국 구명보트로 구조된 건 711명뿐이었고, 1513명은 바다 밑으로 가라앉았다. 책임 방기였지만 법적으로는 아무 문제가 없었기에 당시 유람선 회사와 보험사들은 비극을 면했다. 당시 영

[+] 권오성, "문 앞에 노동자가 도착했습니다", 2020 NPO 국제 컨퍼런스 「전환을 통한 회복, 공존을 위한 연결」.
https://www.youtube.com/watch?v=GxnzzU-gPDU

국의 선박 운항 규정에 따르면, 사람 수가 아니라 톤수에 맞춰 구명정을 준비하면 됐기 때문이다(4만6000톤짜리 타이타닉은 '1만 톤 이상' 배로 취급돼 962명을 수용하는 구명정만 있으면 됐다). 규제가 있어도 현실을 반영하지 않으면 무용지물이라는 것을 100년 전 타이타닉호는 잘 보여준다.

그러나 이런 현실은 100년이 지난 지금도 반복되고 있다. 2018년 열여덟 살 김민준 군이 족발을 배달하다 사망한 건 일을 시작한 지 나흘 만이었다. 무면허였던 민준 군에게 사장은 오토바이 배달을 시켰다. 근로계약서도 작성하지 않았다. 야근 수당도 없었다. 그런데도 사장이 받은 처벌은 벌금 30만 원이 전부였다. 노동자를 보호하는 근로기준법이나 산안법이 민준 군에게는 무용지물이었던 셈이다.+

+ 다행히 민준 군의 유가족은 보도 이후 업주에게 손해배상 소송을 제기해 2021년 3월, 승소했다. 제주지방법원은 업주 윤 모 씨 부부가 민준 군의 부모에게 2억4000만 원을 배상하라고 선고했다.

> 사용자는 노동자가 노무를 제공하는 과정에서 생명·신체·건강을 해치는 일이 없도록 필요한 조치를 강구해야 할 보호 의무를 부담하고, 이런 보호 의무를 위반함으로써 노동자가 손해를 입은 경우 이를 배상할 책임이 있다. … 업주들이 이미 민준 군이 아르바이트를 시작한 날부터 운전면허가 없다는 사실을 알고 있었지만 배달을 위해 오토바이를 이용하지 못하도록 하는 적극적 조치를 취한 바가 없고, 민준 군에게 배달을 지시했거나 적어도 민준 군의 배달 사실을 알고도 묵인한 걸로 보이는 점, 수사 당시 CCTV 등으로 보아 업주들이 민준 군의 배달 사실을 충분히 알고 있었던 점 등으로 볼 때 업주들이 민준 군과 유족에게 손해를 배상할 의무가 있다.

그러나 업주는 항소했다.

174

문제는 이렇게 기존 법 규제가 현실을 반영하지 못하는 상황에서, 공유 경제를 표방하는 배달앱은 이를 아예 무력화시키고 있다는 점이다. 『공유 경제는 공유하지 않는다』의 저자 래브넬은 이를 "초기 산업사회로의 회귀"로 명명한다. 가내수공업 중심에서 산업사회로 넘어갈 당시 노동자는 아무리 장시간 일을 해도 시간이 아닌 생산량을 기준으로 턱없이 낮은 임금을 받았고, 일하다 다치거나 병이라도 들면 보상은커녕 일을 공장 밖으로 쫓겨났다. 물론 노조를 결성할 권리도 없었다.

　그러나 노동자들도 이런 현실을 그대로 받아들이지만은 않았다. 지금은 당연시되는 노동법이 있기까지는 끊임없이 저항하면서 하나씩 권리를 쟁취해 나간 노동자들의 지난한 싸움이 있었다. 대표적인 게 러다이트 운동(기계파괴운동)이다. 이런 과정들을 거쳐 1834년 영국에서는 전국노동조합대연합이 결성되었고, 이후 전국적으로 노동운동이 확산된 결과 1871년, 세계 최초로 노동조합법이 제정됐다.

　우리나라의 경우 한국전쟁 당시인 1953년, 지금의 노동법의 근간이 되는 노동4법(노동조합법, 노동쟁의조정법, 노동위원회법, 근로기준법)이 처음 만들어졌다. 그러나 법이 만들어졌다고 지켜진 것은 아니다. 이승만 정권 이후 이어진 군부 정권과 이들의 비호 아래 성장한 재벌들은 노동법을 산업 현장에 적용할 의지가 없었다. 유명무실한 이 법이 빛을 본 건 1987년 노동자 대투쟁을 통해서였다. 이때부터 법으로 정해진 노동3권을 지키며 노조가 활동할 수 있게 됐다. 그러면서 산업재해 보상 등 노동자들을 보호하는 사회보장 장치들이 하나둘씩 만들어졌다.

그러나 배달앱은 '혁신'이라는 미명 아래 오랜 기간 우리 사회가 쌓아 온 사회적 장치와 합의, 제도 등을 일시에 파괴하고, 과거로 시간을 되돌리고 있다. 배달앱의 이와 같은 혁신을 긍정하는 이들은 기존 노동법을 디지털 경제의 플랫폼 노동자, 소위 '긱 워커'gig worker+에게 적용하는 것은 부적절하다고 이야기한다. 그렇게 되면 결국 일자리가 감소하고 국가 경쟁력이 하락할 것이라는, 너무나 혁신적이지 않은 명분을 들이대면서 말이다.

노마드의 직장, 아마존

아마존이 전 세계에서 수행하고 있는 역할은 꽤나 특별합니다.
우리는 매일 수천만 개의 상자를 고객에게 배송합니다.
— 아마존 신임 CEO 앤디 재시가 2021년 7월 5일 사원들에게 보낸 이메일

저널리스트 제시카 브루더가 3년간 노마드 노동자들을 밀착 취재해 쓴 『노마드랜드』(2017)++는 미국에서 고정된 주거지 없이 캠핑카에서

+ 미국에서 1920년대에 유행하던 단기 공연팀gig에서 유래한 말로 고용주의 필요에 따라 단기 계약을 맺고 일회성으로 일하는 노동자를 가리킨다.

숙식을 해결하며 저임금 떠돌이 노동을 하는 '노마드'들의 삶을 밀도 있게 그려 낸다. 이들은 대부분이 평생을 쉼 없이 일해 온 퇴직 노동자들로 한평생 성실히 일했으나 2008년 금융 위기로 안락한 노후를 꿈꿀 수 없게 된 사람들이다.

그 가운데 린다는 나이가 들수록 점점 더 낮은 임금의 불안정한 일자리로 밀려난다. 각종 학위와 자격증도 소용없다. 결국 결혼한 딸의 집에 얹혀사는 신세가 되지만 그마저도 여의치 않다. 사위도 직장을 잃고 손녀의 병원비 부담이 커졌기 때문이다. 그래서 린다는 중고 트레일러를 구해 노마드의 삶을 시작한다.

그녀의 유일한 버팀목이었던 퇴직연금은 한 달에 고작 500달러. 트레일러에서 먹고 자는 삶을 꿈꿨지만 떠돌이 인생도 쉽지는 않다. 어디서든 살려면 돈이 필요하다. 그래서 린다를 비롯한 노마드들은 추수 감사절 즈음 아마존에서 모집하는 '캠퍼 포스'CamperForce에 참여한다. 아마존은 매년 블랙 프라이데이 같은 쇼핑 대란에 맞춰 일시적으로 부족한 노동 인력을 확보하고자 캠퍼 포스를 개최한다.+ 여기에 응모한 사람들은 아마존이 제공한 곳에 차를 세워 두고 생활하면서 일시적으

++ 이하의 논의는 제시카 브루더, 『노마드랜드』, 서제인 옮김, 엘리, 2021을 참조했다.

+ 사실 아마존이 나이 많은 저소득층 노동자를 고용하는 이유는 따로 있다. 생활 보조금 수급자들과 같은 사회적 약자들을 고용하는 대가로 연방 세액 공제 혜택을 받기 때문이다. 이는 임금의 25~40퍼센트에 달한다.

로 창고 일을 한다. 대부분이 집을 잃고 떠돌아다니는 은퇴자들이다.

물론 노동조건은 열악하다. 교대 근무로 하루 10~12시간 동안 제품 바코드를 스캔하고, 분류하고, 상자에 담는 일을 한다. 몸을 굽히고, 쪼그려 앉고, 계단을 오르며 하루 24킬로미터 이상을 걷는다. 축구장 열세 개를 합쳐 놓은 크기의 창고를 가로지르는 노동자들은 창고가 너무 거대해서 서쪽 절반을 네바다, 동쪽 절반을 유타라 부른다.

『더 모닝 콜』은 2011년, 펜실베이니아 주 브레이닝스빌의 아마존 물류 창고에서 근무한 20명의 전·현직 직원들에 대한 인터뷰를 통해 열악한 노동조건을 고발한 바 있다.[+] 이에 따르면, 창고 내 온도가 섭씨 37도에 이르는 상황에서도 관리자들은 도난 방지를 이유로 적재 구획의 문을 열어 주지 않았다. 대신 노동자들이 열사병으로 쓰러지면 실어나를 들것과 구급대원, 앰뷸런스를 밖에 대기시켜 두었다. 누군가 쓰러져야만 창고 문이 열리는 것이다. 보도 이후 아마존에 대한 비판이 거세지자 그제야 제프 베조스 최고경영자는 5200만 달러(약 590억 원)를 들여 미국 내 아마존 물류 창고에 에어컨을 설치하겠다고 발표했다.

아마존 창고에서 린다는 시간당 임금이 75센트 높은 야간 교대 근무를 신청한다. 초과 근무 수당을 합하면 시간당 12.25달러까지 벌 수 있다. 정식 근무는 저녁 6시부터 새벽 4시 30분까지이고, 그사이 휴식 시간은 15분씩 두 번, 식사 시간은 30분이다. 이렇게 일하려면

[+] 「Inside Amazon's Warehouse」, *The Morning Call*(2011/09/18).

낮에는 계속 잠을 자야 한다. 린다는 바코드 스캔을 너무 많이 해서 손목 관절염에 걸린다.

하지만 아마존에서의 일이 없으면 노마드가 할 수 있는 일은 거의 없다. 그래서 이들은 아마존에 감사한다. 아마존에서 일하는 기간은 3~4개월. 이 일이 끝나면 노마드들은 다시 밴을 몰고 야영장 관리인 등의 다른 일감을 찾아 전국으로 흩어진다.

2021년 6월 1일, 『워싱턴 포스트』는 2017~20년 미국 직업안전보건청OSHA 자료를 분석한 결과를 보도하면서, 아마존 노동자들이 다른 창고에서 일하는 노동자보다 심각한 부상을 당하는 비율이 높다는 사실을 알렸다. 이에 따르면 2020년, 아마존 창고에서 100명당 5.9건 꼴로 심각한 사고가 발생했다. 이런 비율은 평균(3.1건)의 거의 두 배에 달하는 수치다(2019년에도 100명당 7.8건으로 다른 창고의 사고 발생률보다 두 배가 넘는 수치였다). 이렇게 심각한 사고가 잦은 이유는 무엇보다 (시간당 목표량이 할당되는 등의) 생산성 압박 때문이다.

지금 우리 사회는 얼마나 다를까. 내 한 몸 누일 수 있는 방 한 칸, 제법한 직장은커녕 비정규직 일자리조차 구하기 힘든 청년 세대들, 은퇴 이후 제대로 된 사회보장 없이 허덕이는 노년층, 코로나19로 생계수단을 잃은 자영업자들. 이들을 구제해 줄 수 있는 건 위험이 산재해 있는 질 낮은 일감들뿐이다. 그래도 우리는 거대한 물류 창고를 자랑하는 쿠팡과 같은 기업이 없다면 일감 자체가 없을 테니 감사해야 하는 걸까? 2020~21년 사이 쿠팡에서는 9명의 노동자가 일하다 사망했다.

쿠팡은 미국 아마존을 모델로 삼고 있다. '아마존 카피캣'이라는 조롱 섞인 별명이 붙을 정도다. '장기 이익'을 목표로 최저가, 당일 배송 등 공격적인 투자와 마케팅을 펼치는 점이 판박이다. 매출이 늘어나도 영업 적자가 지속되고 있는 것은 이 때문이다. 돈으로 업계 경쟁자를 몰아내고 시장 점유율을 사들이는 셈이다.

쿠팡은 매년 매출이 늘고 있지만 적자도 쌓이고 있다. 2018년에는 4조3546억 원의 매출에서 1조1280억 원의 영업 적자를 봤다. 2019년에는 7조1530억 원의 매출에서 영업 적자 7205억 원, 2020년에는 13조2508억 원의 매출에서 영업 적자 5842억 원을 기록했다. 줄어들 것으로 전망됐던 영업 적자는 2021년, 다시 늘어날 전망이다. 2021년 1분기 매출은 4조9136억 원으로 전년 대비 74퍼센트 늘었지만 영업 적자는 3396억 원으로 3배 증가했기 때문이다. 2021년 1분기까지 총 누적 적자액은 4조5000억 원에 달한다.

하지만 이런 적자에도 불구하고 2021년 3월 12일, 쿠팡은 뉴욕 증권거래소에 상장됐고, 공모가인 35달러보다 41.49퍼센트 오른 49.52달러에 이날 거래를 마감했다. 이로써 쿠팡의 기업 가치는 약 100조4000억 원을 기록하게 됐다. 이는 삼성전자(483조 원)에 이어 2위 규모다. 쿠팡의 현재보다 미래를 내다본 투자자들의 선택이었다. 뉴욕 증권거래소 상장 이후 김범석 쿠팡 이사회 의장의 주식 지분 가치는 한때 10조5243억 원까지 치솟았다.+

하지만 물류센터 내 노동자 처우나 코로나19 집단감염 문제, 그리고 직원들의 과로사, 입점 업체에 대한 갑질 논란+ 등 쿠팡의 노동 문제를 둘러싼 논란은 끊이지 않고 있다. 쿠팡 물류센터 노동자 중 비정규직은 90퍼센트 가량이다. 쿠팡 측은 영업 비밀이라며 직원 수를 공개하지 않고 있지만, 집단감염으로 조사받은 부천 센터 사례를 보면 일용직이 68.3퍼센트, 계약직이 24.6퍼센트, 정규직은 2.6퍼센트에 불과했다. 쪼개기 계약도 문제다. 물류센터 노동자들은 일용직으로 시작해 3개월, 9개월, 12개월 단위의 단기 계약을 거쳐 무기 계약직으로 전환된다. 이 과정에서 발생하는 계약 해지에 대한 두려움은 노동자들이 자발적으로 자신의 노동강도를 강화하는 역할을 한다. 12개월 계약직이 무기 계약직으로 전환되지 않으면, 3개월 일용직으로도 일할 수 없다.

노동강도도 상당하다. 쿠팡 물류센터 노동자들은 "물 마실 시간이나 화장실 갈 시간도 없을 만큼" 바쁘다고 호소한다. 이들은 하루에 상품 1000개를 포장하고, 2만5000~3만 보를 걷는다.++ 쿠팡은 물류

+ 김범석 의장은 미국 증권거래위원회에 제출한 상장 신청서에서 "쿠팡의 중추이자 성공의 이유인 일선 근무자들이 코로나 바이러스 사태 속에서 우리 고객들에게 서비스하기 위해 고생한 점을 감안해" 최대 1000억 원대 자사주를 보너스로 지급할 계획이라고 밝혀 화제가 되기도 했다.

+ 2021년 8월 19일, 공정거래위원회는 쿠팡이 LG생활건강 등 납품 업체에 거래상 우월적 지위를 남용했다는 결론을 내리고 시정 명령과 함께 과징금 32억9700만 원을 부과했다.

센터 노동자들의 노동강도를 끌어올리기 위해 '시간당 물량 처리 개수'UPH라는 값을 도입했다. 이는 (주문받은 물품을 박스에 담는) 집품 노동자와 (박스에 담긴 물품을 포장하고 송장을 붙이는) 출고 노동자의 업무량을 측정하는 수치다. 포장 노동자를 예로 들면, 1시간 동안 100개의 물품 포장을 완료하면 UPH는 100이 되는 식이다. 이와 같은 수치는 노동자들의 단말기에 실시간으로 표시되기 때문에 업무 시간 내내 더 빠르게 일해야 한다는 압박을 받는다. 또 실제 관리자의 압박도 있다. 관리자는 단말기를 통해 이들 노동자의 UPH를 지켜보다가 UPH가 낮은 사람을 불러 주의를 준다. 포장 라인에서 일하는 노동자의 경우, 관리자 바로 앞에 있는 라인으로 가서 일하게 되기도 한다. 노동자들 사이에서는 이를 이른바 "공개 처형"이라 부른다.[+]

> ### 신흥 갑부의 등장

2017년 1월 16일, 국제구호기구 옥스팜이 세계경제포럼(다보스포럼) 연

[++] 더 자세한 내용은 <프레시안>(2020/12/16~21)에 연재된 네 편의 「쿠팡 뉴스룸 검증」 기사 참조.

[+] 장귀연, 「쿠팡 물류센터 고용구조와 노동실태의 문제점」, 국회토론회 쿠팡 물류센터 노동실태와 노동자의 죽음 발제문(2021/02/25).

차총회를 앞두고 발표한 보고서 「99퍼센트를 위한 경제」를 보면, 재산이 하위 50퍼센트와 동등한 최상위 부자들의 수는 2016년 기준으로 8명이었다. 이 숫자는 매년 줄어들어 부의 집중이 심화되는 모양새인데, 2010년만 해도 388명이었던 것이 2015년 62명, 2017년 8명으로까지 줄었다. 단 8명이 36억 명의 재산과 같은 규모의 부를 소유하고 있는 셈이다.

흥미로운 점은 이들 8명 중 3명이 플랫폼 기업의 오너들이라는 것이다. 5위 아마존 창업자 제프 베조스, 6위 페이스북 창업자 마크 저커버그, 7위 오라클 창업자 래리 앨리슨이 그들이다. 이들의 재산은 2021년 올해 더 크게 증식돼 자산이 452억 달러에서 1870억 달러로 4배 넘게 늘어난 베조스가 1위로 올라섰고, 446억 달러였던 마크 저커버그도 1192억 달러로 5위를 차지했다. 오라클은 8위로 한 단계 내려앉았지만 436억 달러였던 자산은 1027억 달러로 늘어나 있었다. 여기에 구글 공동창업주인 래리 페이지와 세르게이 브린이 각각 7위와 9위를 차지했다.

하지만 앞서 이야기했듯이 플랫폼 기업들의 영업 적자는 줄어들지 않고 있다. 그렇다면 이들의 부는 대체 어디서 오는 걸까? 플랫폼 기업이 말하는 '공유 경제'는 대체 무엇을 공유하고 있는 걸까? 노벨경제학상 수상자 조지프 스티글리츠는 『불만 시대의 자본주의』(박세연 옮김, 열린책들, 2021)에서 '부의 창조'와 '부의 추출'을 구분해야 한다고 말한다. 지금 자본주의는 누군가가 독점력과 지대 추구를 통해 막대한 부를 축적하는 '부의 추출'을 근간으로 한다. 이런 '부의 추출'이 당연시되면서 다른 사람을 착취하는 구조가 고착화되고 이로 인한 빈부 격

차가 급격히 확대되고 있다는 것이다.

사실 이런 이야기는 오래전부터 나왔다. 미국 최초의 산별노조 설립자 빅 빌 헤이우드도 약 100년 전인 1929년, "야만적인 금광업계 거물들은 금을 탐사하지도 않았고 금을 가공하지도 않았는데, 무슨 희한한 연금술인지 금은 전부 그들의 수중에 들어갔다"며 이런 부의 추출을 이야기했다.[+] 플랫폼은 금융 자본주의하에서 이런 구조를 더욱 공고히 하고 있는 셈이다.

우버나 에어비앤비 같은 플랫폼 회사는 일자리가 없는 서민들에게 운전기사를 하게 하거나 남는 방을 빌려주도록 함으로써 자신들이 그들의 힘을 길러 주고 있다고 말한다(이들은 "세상을 변화시킨다"거나 "세상을 더 나은 곳으로 만든다"는 표현을 자주 쓴다). 하지만 그 수사 뒤에는 이들이 계속해서 발전의 과실 대부분을 가져가고 있다는 엄연한 현실이 숨어 있다.[++] 배달의민족과 쿠팡도 공유 경제를 이야기하지만 이들과 계약을 맺고 있는 자영업자·라이더들의 소득은 오히려 줄어들고 있다. 소위 '창조 경제'에서 플랫폼은 부를 창조하는 게 아니라 추출한다.

[+]   마리아나 마추카토, 『가치의 모든 것: 위기의 자본주의, 가치 논의로 다시 시작하는 경제학』, 안진환 옮김, 민음사, 2020, 27쪽.

[++] 아난드 기리다라다스, 『엘리트 독식 사회: 세상을 바꾸겠다는 그들의 열망과 위선』, 정인경 옮김, 생각의힘, 2019, 15쪽.

대륙의 혁신, 중국

중국에서도 '혁신'은 진행 중이다. 배달앱이 만들어진 건 한국이 세계 최초였지만, 배달에 AI 방식을 제일 먼저 도입한 건 중국이었다. 중국 의 음식 배달 플랫폼 기업 메이퇀덴핑美團點評(이하 '메이퇀')과 어러머 餓了麼가 중국 배달앱 시장에서 차지하는 시장점유율은 90퍼센트가 넘 는다.+ 메이퇀연구소에서 2020년 6월 발표한 「2019년 및 2020년 상 반기 중국 음식 배달 산업 발전 보고서」를 보면 2019년 말 중국 음식 배달 시장의 소비자 규모는 4억6000만 명으로 전년 대비 12.7퍼센트 증가했다(이는 도시 상주인구의 절반에 달한다). 2019년 중국의 음식 배달 산업 규모는 총 6536억 위안(한화 약 112조7591억 원)으로 전년 대비 39.3퍼센트 성장했다. 이와 더불어 배달 노동자 수도 크게 증가해 2020년 상반기 기준으로 메이퇀 소속 배달 노동자는 전년 대비 16.4 퍼센트 증가한 295만2000여 명이 됐다.

하지만 이들의 노동조건은 점점 더 열악해지고 있다. 중국 언론 에서는 플랫폼의 알고리즘을 첫 번째 원인으로 꼽는다. 일반적으로 중 국의 배달 노동자는 하루 평균 30~50건 정도의 주문을 받는데, 한 건 당 28분(현재 메이퇀의 배달 기준 시간)이 걸린다고 치면, 총 14~23시간

+ 이하의 논의는 박석진, 「불안정하고 위험한 노동으로 내몰리는 중국의 플랫폼 배달 노동자」, 『국제노동브리프』 2020년 10월호 를 참조했다.

이 소요된다. 이는 매일 14~23시간을 쉬지 않고 일한다는 뜻인데, 어떻게 이런 노동이 가능한 걸까?

이를 가능하게 하는 것은 바로 빅데이터와 인공지능, 딥러닝 등의 기술을 활용한 '실시간 스마트 배달 시스템'이다. 최근 한국에 도입된 인공지능 시스템의 선두 격인데, 이것이 도입되고 알고리즘이 발전하면서 메이퇀의 경우, 3킬로미터 거리에 소요되던 배달 시간이 2016년에는 1시간이었지만 2020년에는 28분까지 줄어들었다. 예전에는 5인의 배달 노동자가 담당했던 업무가 지금은 4인만으로도 가능하게 되었고, 배달 노동자 1인이 최대 12건의 배달을 동시에 할당받을 수 있게 되었다. 소위 '업어서' 배달하는 방식이 고도화되고 정밀해졌기 때문이다. 물론 한정된 시간 안에 소화해야 할 배달 건수가 대폭 증가하면서 노동자가 져야 할 위험과 노동강도는 커질 수밖에 없다.

여기에 점점 엄격해지는 플랫폼의 평가 기준도 노동자들을 옥죄는 장치로 작용했다. 플랫폼 업체들은 고객 평점과 시간 엄수율, 주문 회답률 등을 기준으로 배달원 점수를 매겼다. 고객 만족도가 높으면 주문 배차가 많아지고 기본 배달비가 인상됐다. 반면, 나쁜 평가를 받으면 벌점이 주어지고 배달비가 삭감됐다. 배달 시간이 늦어질 경우, 매달 일정 금액을 공제했고, 주문 접수율이 떨어지면 페널티가 부과됐다.

이런 구조 속에서 2018년 1월부터 7월까지 쓰촨성 청두에서만 교통사고 196건, 사상자 155명을 포함해 1만여 건에 달하는 배달 노동자의 교통질서 위반이 발생했다. 평균적으로 이틀에 한 명꼴로 교통사고로 다치거나 사망한 것이다. 한 조사에 의하면 플랫폼에서 규정한 배달 시간이 합리적인지에 대한 질문에 67퍼센트가 조금 촉박하다고 응답했으며, 9퍼센트는 매우 촉박하다고 응답했다.

중국에서 배달 노동이 주목받은 이유 중 하나는 소득이 상대적으로 높았기 때문이다. 통계에 의하면, 조사에 응한 배달 노동자의 40.8퍼센트가 월 소득이 7000~1만 위안(약 120~172만 원)이라고 응답했고, 37.7퍼센트는 5000~6999위안(약 86~120만 원), 15.2퍼센트는 5000위안(약 86만 원) 미만이라고 응답했다. 월 소득이 1만 위안(약 172만 원) 이상이라고 응답한 경우는 6.3퍼센트였다(2019년 기준 중소기업이 많은 중국 사영 기업 평균 월 소득은 약 4460위안이다).

다만, 이렇게 소득을 올리려면 장시간 노동이 필수적이다. 조사에 응답한 배달 노동자 중 58.3퍼센트는 매일 8~12시간 일한다고 했고, 25.1퍼센트는 12시간 이상 일한다고 했다. 그리고 52.9퍼센트는 하루에 30~50건의 주문을 받는다고 응답했고, 30.1퍼센트는 50건 이상 주문을 받는다고 했다. 2019년 12월 저장 대학 연구팀의 설문조사에 의하면, 항저우 지역의 배달 노동자 중 16퍼센트가 한 달에 하루도 쉬지 않고 일한다고 응답했고, 33퍼센트가 1~2일, 45퍼센트가 3~4일 쉰다고 응답했다. 한 달에 5일 이상 쉬는 노동자는 6퍼센트에 불과했다.

> 플랫폼 노동자 보호법

플랫폼 노동자들을 보호하기 위한 법적 움직임 중에서 꼭 기록해야 할 것이 하나 있다. 시작은 캘리포니아 주 연방법원의 '다이나멕스' 판결이었다.[+] 다이나멕스는 당일 배송 서비스를 하는 회사로 원래는 소속 노동자들이 전부 정규직이었으나 2004년, 정규직 배송 기사를 전부 독립 계약자로 전환해 버렸다. 이에 맞서 2005년, 한 배송 기사가 다이나멕스를 상대로 집단소송을 걸었고 그 사건이 2018년 대법원에서 최종 판결된 것이다.

캘리포니아 대법원은 다이나멕스 배송 기사들이 임금노동자라고 보았다. 이는 로스앤젤레스 고등법원의 선고 ─ 기존 '캘리포니아 임금령'에서 분류되지 않았던 프리랜서나 플랫폼 노동자들의 노동 형태를 구분하기 위해 세 가지 요소로 이루어진 'ABC 테스트'를 제안한 ─ 를 인용한 것이었다. 이에 따르면, 기업이 소속 노동자를 '독립 계약자'라고 주장할 때는 다음 세 가지 조건을 충족시켜야 하며, 입증 책임은 사업주에게 있다.

[+] 정식 명칭은 다이나멕스 오퍼레이션즈 웨스트 주식회사Dynamex Operations West, Inc. 대 로스앤젤레스 고등법원 사건이다. 이하의 논의는 한국노동연구원, 「플랫폼 노동자에 대한 법적 보호 : 미국 캘리포니아주 AB 5법」, 『국제노동브리프』(2020년 5월호)를 참고했다.

ⓐ 업무 수행과 관련해 계약상으로나 실제로 기업의 통제와 지시를 받지 않는다.

ⓑ 기업의 통상적인 사업 범위 외의 업무를 수행한다.

ⓒ 기업과 독립적으로 설립된 직종, 직업 또는 사업에 종사한다.

대법원에서 이와 같은 'ABC 테스트'를 채택한 것은 상당한 파장을 불러왔고, 2019년 캘리포니아 주의회에서 일명 AB5법안Assembly Bill No.5으로 입법화되기에 이른다. 이 법은 독립 계약자의 법적 조건을 매우 엄격히 규정해 이를 충족시키지 못하면 임금노동자로 판단, 정규직으로 전환해야 한다고 보았다.

ABC 테스트에 의거한다면, 배달의민족 라이더는 임금노동자일까, 지금 같은 '특고'일까? 배민라이더스 소속 지입 라이더든 크라우드 소싱 라이더든 주문을 받고 소비자에게 배달하는 순간까지 기업의 통제와 지시를 받는다(ⓐ). 또 소비자 평점 같은 평가 시스템을 통해 라이더를 통제한다. 우회적이지만 결국 기업이 노동자를 통제하는 것이다. 하지만 크라우드 소싱 방식으로 고용된 라이더의 경우 업무 시작과 종료에 유연성을 가진다. 플랫폼 기업은 라이더에게 "지금 배달 건수가 많아 보너스를 줄 수 있으니 로그인하세요."라고 알림을 보낼 순 있지만, 지금 당장 로그인하라고 지시하지는 못한다. 그런 논리로 ⓐ항에 대해서는 논쟁의 여지가 있을 수 있다.

그러나 ⓑ항의 경우는 불가능하다. 배민라이더스나 쿠팡이츠, 그리고 배달 대행 서비스를 하는 생각대로나 부릉, 바로고 같은 기업들 모두 그들의 존재 이유가 배달 서비스인 한 라이더가 본사의 '통상적인 사업 범위 밖의 일'을 하고 있다고 주장할 순 없다.

기존의 법과 제도로는 노동자로서 보호받지 못하는 플랫폼 '특고'의 문제를 해결하려면 이들의 법적 지위를 기존 노동법의 테두리 안에 포함시키는 방법과, 법을 새로 만드는 방법이 있다. 다만 새로운 법을 만들 경우 기존 노동법보다 후퇴한 법이 만들어질 가능성이 높다. 2021년 5월 국회를 통과한 가사근로자법이 대표적이다.[+] 현재 국회에 발의된, 플랫폼 노동자를 보호하는 법률들은 대부분이 후자다.

어쨌든 캘리포니아 주 대법원의 판단은 진일보한 한걸음이었지만, AB5법이 주의회를 통과하자 캘리포니아에서 사업을 벌이고 있던 우버와 리프트 등 대형 플랫폼 기업들은 반격을 시작했다.

[+] 정식 명칭은 '가사 근로자의 고용 개선 등에 관한 법률'이다. 기존의 근로기준법은 가사 사용인에 대해서는 적용되지 않는다고 명시돼 있어 그간 가사 노동자는 법적 보호에서 제외돼 있었다. 하지만 이 법의 통과로 가사 노동자들은 68년 만에 노동법상 근로자로 인정받게 된다. 그러나 같은 노동자가 왜 특별법으로 근로기준법보다 낮은 수준의 보호를 받아야 하는지의 문제는 여전히 남는다.

캘리포니아 주민들의 선택

2020년 1월, AB5법의 발효에도 불구하고 우버·리프트는 법안의 준수를 거부했고, 이로 인해 5월, 캘리포니아 주정부로부터 소송까지 당했다. 그리고 8월, 법원은 우버·리프트 등 플랫폼 기업도 예외 없이 AB5법을 준수해야 한다며 주정부의 손을 들어 준다.

하지만 AB5법으로 인해 큰 타격을 입게 될 우버와 리프트는 최후의 수단으로 주민발의안이라는 묘안을 생각해 냈다(캘리포니아에서는 주민이 입법 발의를 할 수 있고 주민의 과반이 찬성하면 통과된다). 우버와 리프트가 발의한 '22번 발의안'prop22은 앱 기반 플랫폼 회사의 경우 해당 법의 예외가 되도록 하는 것을 골자로 했다.

22번 발의안을 통과시키는 데 이들 기업은 천문학적인 돈을 쏟아부었다. 투표 직전 페이스북 홍보에 한 달간 40억 원을 썼고, "22번 발의안 찬성하기"Yes on Prop22 캠페인에 2000억 원이 넘는 금액을 지원했다. 그 결과 22번 발의안은 같은 해 11월, 찬성 58.3퍼센트, 반대 41.7퍼센트로 통과됐다. 지금도 인터넷 창에 "22번 발의안 찬성하기"를 검색해 보면, 당시 두 플랫폼 기업을 필두로 필사적인 홍보 캠페인이 있었다는 것을 알 수 있다.

그렇다면 왜 캘리포니아 주민들은 AB5법보다 후퇴한 이 법안에 찬성한 것일까? 일단 유튜브에 올라와 있는 「주민발의안 22호는 무엇인가」What is Prop 22라는 제목의 영상을 보자.+ 리프트 사는 22번 발의안에 찬성표를 던져 달라며 올린 이 영상에서 이렇게 말한다.

우리는 **부수입** 창출을 위한 새로운 수단으로 시작되었습니다. 각계각층의 사람들에게 열려 있었죠. 이런 **유연성**은 다른 직업에서는 불가능한 **독립성**을 보장합니다. 22번 발의안은 이외에도 다양한 혜택을 보장합니다. 일정한 수입과 건강보험, 개인의 안전을 보장해 주는 동시에 근무시간도 자유롭게 유지할 수 있습니다.

하지만 기사의 정규직 전환이 강제될 경우 앱 기반 일거리 중 90퍼센트가 사라질 것이고, 그나마 남은 일거리도 기존의 유연성을 잃게 될 것입니다. 정해진 시간에 교대 근무를 하고, 누구나 똑같은 임금을 받게 되며, 근무시간 및 장소가 제한되는 거죠. 이런 이유로 대다수 기사들은 유연성을 지켜 주고 유례없는 **새로운 혜택**을 제공해 주는 독립성을 유지하고 싶어 합니다. 우리는 바로 이걸 위해 싸우고 있는 거죠. 22번 발의안에 찬성표를 던져 주세요. 기사들의 더 나은 미래가 여러분 손에 달려 있습니다(강조는 인용자).

리프트는 또 다른 영상에서 이렇게 주장한다.

연구에 따르면, 기사가 [독립 계약자가 아닌] 직원으로 전환될 경우, 주행 가능한 기사가 크게 줄어들기 때문에 차를 잡아타기까지 시간이 2배 더 걸릴 수 있습니다. 또 고객이 부담해야 할 비용은 25~100퍼센트까지 증

+ https://www.youtube.com/watch?v=-7QJLgdQaf4 (검색일 2021/04/10).

가할 수 있습니다. 더 심각한 문제는, 시골이나 교외 지역에서 차량 공유 서비스가 아예 사라질 수 있다는 것입니다. … 22번 발의안에 찬성표를 던져 주세요. 그들에게 **유연성**을 주고, 유례없는 **새로운 혜택**을 제공하세요(강조는 인용자).[+]

캘리포니아 주민들은 이런 영상을 얼마나 봤을까? 그게 정말 기사들을 위한 길이라고 여겼던 걸까? 여기엔 빼놓을 수 없는 압박이 하나 더 있었다. 바로 다라 코스로샤히 우버 최고경영자가 MSNBC방송 인터뷰에서 자사 기업이 AB5법을 적용받아 모든 기사를 정규직으로 고용해야 한다면 "법원 명령이 바뀌지 않는 한 몇 달 간은 서비스를 중단할 것 같다"고 이야기한 것이다. 그는 2020년 8월 10일, 법원의 강제 명령 이후 즉각 항소 의사를 밝힌 데 이어 이틀 뒤인 12일 언론 인터뷰에서 이렇게 엄포를 놓았다.

리프트의 사장이자 공동 창업자인 존 지머도 같은 날, 2분기 실적 발표 자리에서 법원이 결정을 번복하지 않을 경우 캘리포니아 주에서 차량 호출 사업을 중단해야 할지도 모른다고 말했다. 그리고 우버와 리프트는 AB5법이 적용돼 기사들이 정규직이 될 경우 소비자들의 비용 부담이 증가할 것이라는 주장을 폈다.

상황이 이렇게 돌아가자 노동자들은 정규직이 되려다 아예 일자

+ https://www.youtube.com/watch?v=OkHma30reLQ(검색일 2021/04/10).

리를 잃게 되느니 현상 유지를 하는 게 낫다고 판단할 수밖에 없었다. 유권자, 즉 시민들도 지역 경제에 막강한 영향력을 행사 중인 대형 플랫폼 기업이 캘리포니아를 떠나는 것만은 막고 싶었을 것이다.

AB5법의 이 같은 얄궂은 운명은 플랫폼 기업이 이미 시장을 점유한 상태에서 노동자들의 법적 보호를 강화하는 일이 얼마나 어려운지 잘 보여 준다. 캘리포니아 주 사법부와 입법부는 플랫폼 기업 소속 노동자들이 독립 계약자가 아닌 직원이 될 수 있는 발판을 마련했지만 결국 성공하지는 못했다.[+] 미국의 또 다른 주에서, 아니면 다른 국가나 한국에서 이 같은 논쟁이 벌어진다면 누가 승리하게 될까?

무엇을 공유할 것인가

플랫폼 기업의 혁신 아닌 혁신을 제재하려는 움직임도 서서히 꿈틀거리고 있다. 2021년 4월 29일, 마티 월시 미국 노동부 장관은 언론과의 인터뷰에서 우버와 리프트 등의 플랫폼 소속 노동자도 직원employee

---

[+] 이 싸움은 여전히 진행 중이다. 캘리포니아 주 앨러미다 카운티 고등법원은 2021년 8월, '22번 발의안'에 대해 위헌 판결을 내렸다. "앱 기반 운전자들을 노동자로서 규정하는 캘리포니아 주의 권한을 제한"해 주 헌법에 위배된다는 이유에서다. 플랫폼 기업 연합은 이에 즉각 항소의 뜻을 밝혔다.

으로 분류해야 한다고 말했다. 그러면서 미 노동부는 플랫폼 노동자들을 "사실상 고용한" 기업들과 접촉해 일정한 급여, 병가, 의료 서비스에 접근할 수 있도록 보장할 것을 요청했다고 덧붙였다. 플랫폼 기업의 매출과 이익은 매년 기하급수적으로 증가하고 있지만, 여기에 속한 노동자들에 대한 처우는 오히려 나빠지고 있기 때문이다.

2021년 3월 26일 기준 우버의 주가는 전년도 10월 말 대비 반년 만에 68.6퍼센트가 올랐고, 리프트의 주가는 174.9퍼센트 급등했다. 2020년 12월 뉴욕증권거래소에 상장한 에어비앤비도 주가가 20.8퍼센트 상승했다. 이렇게 회사가 이익을 볼 경우 보통은 노동자에게 상여금 등을 지급하거나 복지 혜택을 늘린다. 기업과 노동자가 그나마 이익을 나눌 수 있는 것은 이렇게 노사 관계로 묶여 있기 때문이다. 반면, 개별 계약자 신분인 플랫폼 노동자들에게 공유되는 이익은 전무할 수밖에 없다. 게다가 회사가 사세를 확장할수록, 동료이자 경쟁자인 개별 계약 노동자가 늘어나면서 수수료는 높아지고, 받는 임금은 낮아지게 된다.

유럽 법원에서도 플랫폼 노동자들이 '사장'이 아니라 '노동자'라는 판결이 나오고 있다. 지난 2월, 영국 대법원은 영국 내 우버 운전자를 두고 "우버 운전기사들도 최저임금과 유급휴가, 휴일 수당, 연금 등을 받을 권리가 있는 근로자로 분류해야 한다"라고 만장일치로 판결했다. 우버가 요금 책정, 차량 배정, 운영 경로까지 지정해 주기 때문에 고용주나 다름없다는 것이다. 우버는 결국 영국 내 우버 기사 7만 명을 근로자로 재분류하고, 의료보험과 휴일 수당, 연금 혜택까지 제공하기로 했다.

투자은행 모건스탠리는 이 조처로 우버가 2021년과 2022년에 사용해야 하는 비용이 2억 5000만~3억 5000만 달러 정도 증가할 것으로 전망했다. 이는 우버가 영국 우버에서 버는 돈의 8~10퍼센트에 해당한다. 반대로 말하면, 그간 우버는 노동자에게 그만큼의 비용을 지불하지 않았던 셈이다.

영국의 배달 업체 딜리버루의 경우, 2021년 3월 31일 런던 증시 상장 첫날, 공모가 대비 26.3퍼센트나 떨어진 채 마감했다. 언론에서 딜리버루 배달원의 노동조건을 조명하는 보도가 나오면서+ 여론이 악화되었기 때문이다. 그러자 영국 최대 자산 운용사 리걸앤드제너럴은 딜리버루 공모 불참을 선언했고, 애버딘 스탠더드, 아비바, M&G 등 다른 대형 운용사들도 뒤이어 불참을 선언했다. 정부가 딜리버루에 대한 규제를 강화할 수 있다는 판단에서였다. 이는 그간 플랫폼 업체들이 얕은 규제 장벽 안에서 자유롭게 번창했다는 방증이기도 했다.

+ 영국의 탐사 저널리즘 매체 <TBIJ> *The Bureau of Investigative Journalism*는 딜리버루 배달원 3분의 1 이상이 최저임금인 시간당 8.72파운드(약 1만 3618원)밖에 벌지 못한다고 보도했다. 또 프랑스 공영 RFI 라디오도 프랑스 파리 딜리버루 배달원들은 일주일 내내 일해도 월 200~600유로(약 26만~80만 원)밖에 벌지 못한다고 보도했다.

동양 최대 중국 음식점으로 평가받는 하림각은 1987년에 남상해 회장이 세웠다. 1938년 경남 의령 출신인 남 회장은 어린 시절을 일본에서 보내다 해방 후 귀국해 충남 보령에 정착했다. 어린 시절 남 회장은 질병과 굶주림으로 형제 넷을 먼저 떠나보낸 후, 열 살 때 무일푼으로 상경해 서울 생활을 시작했다.

서울에서도 신문팔이, 구두닦이, 물장수 등 할 수 있는 건 다 했지만 배고픔과 잠자리는 쉽사리 해결되지 않았다. 서울역 대합실에서 노숙도 하고 창신동 땅굴 생활도 했다. 이런 남 회장에게 살길을 열어 준 일은 바로 중국집 '뽀이' 일이었다. 이로써 남 회장은 잠도 식사도 일거에 해결할 수 있었다. 그때부터 남 회장은 배달일을 시작했고, 이후 주방 보조 일까지 하게 된다. 그리고 주방에서 10년 넘게 경력을 쌓은 끝에 워커힐 호텔 조리부장이 되었다. 마침내 1967년, 그는 자신의 이름 석 자를 건 11평짜리 중식당 '동승루'를 열면서 자신의 평생 꿈이던 중식당 주인이 되었다. 그리고 그는 '신해루', '열빈', '다리원'을 거쳐 세계에서 가장 큰 중식당 하림각을 만들기에 이른다.

남 회장의 성공 신화는 그 시대를 살았던 대다수 중국집 배달원들의 로망이자 실제 노력하면 다다를 수 있는 현실이기도 했다. 지금은 유명 중식 셰프로 번듯한 요릿집을 운영하고 있는 이들 상당수가 배달원으로 시작했다는 건 잘 알려진 사실이다. 중식당에서 숙식을 해결하면서 '철가방'으로 부지런히 자장면을 배달하고, 틈틈이 주방에서 양파를 벗기고 야채를 썰면서 곁눈질로 요리를 배우면 주방장도 되고, 중식당 사장까지 될 수 있었던 것이다. 하지만 지금처럼 배달앱에 고용된 라이더들이 과연 중식당 사장이 될 수 있을까?

포드식 분업은 더욱더 세분화하면서 전방위로 확대되고 있다. 현재의 분리된 노동시장은 노동자에게 별다른 기술을 요하지 않는다. 각자 맡은 단순 작업만 숙지하면 된다. 기계화 때문이다. 게다가 "4차 산업혁명"이라 불리는 각종 IT 산업들은 인간의 노동을 더욱 단순화하거나 심지어 없애고 있다. 이제 대부분의 제조업 공장에서 노동자들이 다루는 기계는 버튼 몇 개만 알면 작동 가능하다. 신입 현장 교육은 일주일이면 끝난다. 신입을 뽑을 때 기계를 켜고 끄는 데 필요한 영어 단어를 아는지만 따지는 기업도 있다.

그동안 노동자들은 고용주를 상대로 자신들의 권리를 하나둘씩 쟁취해 왔다. 그 결과, 노동법이나 고용보험 등 사회법이 만들어졌고 노동조건도 개선할 수 있었다. 그러나 기계에만은 효과적으로 대응할 수 없었다. 기계 도입으로 발생한 변화는 일방적으로 노동자의 작업환경에 재빠르게 스며들었다. 현대 산업에서 노동자들의 일은 기계를 다루는 노동이 되어 버렸다. 기술의 진보는 늘 노동을 지배하는 양상으로 전개되고 있다.

최근 자동차 시장이 내연기관차에서 전기차로 전환되면서 자동차 산업 노동자들의 일자리가 감소될 것이라는 전망이 나오고 있다. 전기차 부품 수가 내연기관에 비해 월등히 적기 때문이다. 고용노동부가 내놓은 「자동차 산업 신성장 분야의 고용 효과」(2019)에 따르면 전기차로 산업이 전환되면 내연기관용 전장품의 70퍼센트가 사라지고 동력을 전달하는 부품은 37퍼센트가 없어지게 된다. 결국, 자동차 업계 노동자들은 소리 소문 없이 사라질 판이다.

기술의 진보와 단순노동의 증가는 그나마 존재했던 '계급 사다리'마저 사라지게 된다는 뜻이기도 하다. 기술을 숙련해 고등 인력으로 성장할 수 있는 기회 자체가 사라지는 것이다. 이미 정규직과 비정규직, 파견과 도급, 특수 고용직과 자영업 등의 분리는 작업 분리를 넘어 신분의 분리로까지 이어지고 있다. 그리고 그 중심엔 플랫폼이 있다.

클릭, 클릭, 클릭!

푸리에, 벨라미, 모리스의 유토피아를 능가하는 어떤 세계에 대한 가설이 우리에게 제시된다면, 수백만의 사람들이 단 하나의 조건만으로 — 어느 길 잃은 영혼 하나만이 멀리 떨어진 절벽 위에서 외롭게 고문과도 같은 삶을 살아야 한다 — 영원히 행복하게 살 수 있다면, 우리에게 즉각적으로 전해져 오는 느낌은 무엇이 될 수 있겠는가? 그렇게 제공된 행복을 움켜쥐려는 충동이 우리 안에서 솟구친다 해도, 그런 거래의 열매로 그것을 받아들일 때 그 즐거움이란 얼마나 끔찍한 것인가!
— 윌리엄 제임스, 「도덕철학자와 도덕적 삶」

오멜라스 사람들은 모두 아이가 그곳에 있다는 사실을 잘 알고 있다. … 자신들의 행복이 … 전적으로 그 아이의 지독하리만치 비참한 처지에 달려 있다는 사실을 모두 잘 알고 있다.
— 어슐러 르 귄, 「오멜라스를 떠나는 사람들」

자본주의 구조 속에서 인간의 노동은 이 체계를 굴러가게 하는 기본 요소다. 하지만 사람들은 우리가 먹고 마시고 사용하는 모든 것들이 다른 누군가의 노동 덕분이라는 것을 의식하지 못하거나 외면한다. 우리가 마트에서 구입해 쓰는 제품이 누가 어디서 어떻게 만든 것인지 알기는 이제 불가능해졌다. 지하철이나 전기도 마찬가지다. 1300원에 우리는 지하철을 탈 수 있지만 그 가격이 어떻게 책정되는지는 모른다. 한국의 전기료가 다른 선진국에 비해 저렴하다는 것은 모두가 아는 사실이지만 전기 요금이 왜 그렇게 싼지 아무도 의문을 품지 않는다.

이렇게 저렴한 지하철 요금과 전기요금 안에는 구의역 김 군과 발전소 김용균 씨가 있었다. 우리가 누리는 낮은 가격과 편리의 이면에는 누군가의 노동을 부당한 값으로 거래하는 '불의'가 자리하고 있는 것이다. 이를 외면하면 인간의 노동이 어떠해야 하는지, 어떤 가치를 지녀야 하는지 알 수 없다. 이런 구조 속에서 일하는 사람들의 숫자와 고통의 크기는 점점 더 늘어나고 있다. 여기에는 물론 우리 자신도 포함될 수 있다.

대형 마트가 문을 닫은 늦은 밤, 당장 내일 아침 아이들에게 차려 줄 반찬이 없을 때 핸드폰 속 앱을 열고 클릭 몇 번이면 새벽같이 내 식탁 위에 맞춤형 음식이 올라오는 세상이 되었다. 이런 편리 뒤에 숨은 건 또 무엇일까?

강혜인

플랫폼이라는 영역은 너무 넓었고, 그 세계를 떠받치는 사람들은 플랫폼 기업이 만들어 내는 부에 비해 너무 작은 점 같았다. 그러나 그 점 하나하나의 이야기는 또 아주 깊었다. 지난 2년 반 동안 이렇게 아주 넓고 아주 깊은 삼차원의 세계 어딘가를 헤맸다.

　　과거 사회부 사건팀 소속이었을 때 한 선배는 내게 "사건은 생물과 같다"고 했다. 사건이 발생하고 경찰 수사가 들어가고 이후 수사 결과가 발표되고 하는 것들이 마치 살아 움직이는 생물처럼 변화한다는 말이었다. 그러니 긴장을 늦춰선 안 된다는 뜻으로 나는 그 말을 이해했다. 이번 취재를 하면서 플랫폼이야말로 생물과 같다는 생각을 했다.

　　이 생물은 끝을 모르고 커가는 것 같았다. 확장하는 방향과 속도, 모두 예측이 불가능했다. 취재를 시작한 2019년부터 지금까지 우리는 무서운 적응력으로 세상에 발맞춰 변화하고 몸집을 늘려 가는 플랫폼들을 목격했다.

　　이 혼란 속에서 중심을 잡을 수 있었던 건 그 작은 점들에 주목했기 때문이다. 취재 과정에서 만난 라이더와 자영업자들은 모두 저마

다의 이야기가 있었다. 별 생각 없이 이 직업을 선택했다고 하는 사람도 사실은 수십 년간 쌓아 온 삶이 있었다. 우리는 그 점들을 이어 선으로 만들고, 그 선들을 이어 다시 면을 만들고 입체를 그려 보려 노력했다.

취재를 하며 만났던 여성 배달 노동자 지연 씨의 이야기를 떠올려 본다. 지연 씨는 스물두 살부터 일식집 주방일, 판매직, 콜센터, 스티커 아르바이트, 화장품 포장 아르바이트 등 그야말로 닥치는 대로 일을 한 사람이었다. 나는 지연 씨의 이야기를 들으며, 우리 사회가 그녀에게 쉴 수 있는 주말과 경력에 맞는 월급과 아프면 보살핌을 주는 사회였기를, 부당 해고나 무리한 실적 압박 같은 건 없는 사회였기를 바랐다. 그녀는 자신은 별로 특별하지 않다고 말했지만 나는 그녀가 그동안 겪었던 좌절들이 왠지 모르게 생생하게 다가왔다. 그런 우리 사회의 균열이 첩첩이 쌓이고 쌓여 지금처럼 배달앱이 성장하는 밑거름이 되었다고 이 책을 쓰면서 나는 점점 확신하게 되었다.

지연 씨의 이야기를 포함해 이 책에 담은 모든 '작은 점'들은 이후 플랫폼을 이해하는 데 이정표 같은 역할을 했다. 생물 같은 플랫폼의 궤적을 쫓을 때마다 그들의 삶과 그 속에서 그들이 취할 수밖에 없는 입장들을 떠올렸다. 이 책을 일인칭시점의 배달 체험으로 시작해, 사람들의 이야기를 담고 점점 플랫폼 전반의 구조로 확대해 나간 것도 그런 이유에서다.

이제 배달 플랫폼은 인공지능 알고리즘을 이용해 점점 더 예측하기 힘든 방향으로 나아가고 있다. 이 책을 거의 마무리해 갈 즈음 라이더유니온이 알고리즘 관련 실험을 했다. AI가 자동 배차해 주는 배달 주문을 100퍼센트 수락하는 조건, 배차를 라이더가 자율적으로 수락하는 조건, 교통 법규를 준수하는 조건에서 건당 배달 거리와 수익 등을 비교했다. 결과적으로 라이더가 자율적으로 선택했을 때보다 AI 배차를 전부 수락했을 때 평균 주행거리가 더 길었고, 건당 배달료도 더 낮았다. 교통 법규를 준수하며 일을 했을 땐 가장 수익이 떨어졌다. 그런데 현실에선 여러 배달 플랫폼이 AI 배차를 선택하지 않으면 불이익을 준다.

시시각각 변해 가는 플랫폼을 바라보며, 한 편의 부조리극이 펼쳐지고 있는 것 같다는 생각을 한다. AI라는 가면 뒤에 불합리한 구조의 진짜 지시자는 숨어 있다. 어떤 이에게는 숱한 직장을 돌고 돌아 마지막으로 다다른 종착지가 배달일이지만, 배달 플랫폼은 이를 의외의 "고수익 노동"으로 포장한다. "목숨을 내놓고 하는 일"이라는 현장의 자조는 "원할 때 원하는 만큼만" 하는 일이라는 광고와 어우러진다. "배달이 늦다"는 아우성이 있는가 하면, 신호를 위반하지 않으면 밥벌이가 안 된다는 라이더들에게 "도로 위 분노 유발자"라고 비난하는 목소리도 들린다. 누군가는 이불 속에서 핸드폰 하나 들고 끼니부터 생수까지 온갖 것을 주문하지만 또 누군가는 새벽배송을 위해 어둠을 뚫고 달린다.

이제 배달 플랫폼은 음식 소비의 보조적 수단을 넘어 일종의 문화가 됐다. 플랫폼은 배달원들의 노동을 싼값에 이용하고 있으니 사용을 지양하자고만 이야기할 수 없는 건 바로 이 때문이다. 플랫폼이 이렇게 성장하기까지 우리는 너무 많은 편리를 누려 왔다. 언젠가는 이렇게 어떤 장애물도 없이 성장해 버린 플랫폼이 결국 우리 삶을 후퇴시키게 되진 않을까 하는 상상도 해본다. 쌓여 가는 플라스틱 쓰레기, 독점 이후 점점 오르는 배달료, 자영업자의 몰락 등 징후는 이미 충분하다. 과연 우리는 어떤 세상을 만들 것인가? 이 책을 읽는 독자들과 함께 고민을 나눌 수 있으면 좋겠다.

끝으로 감사의 말을 전한다. 오늘의 이 세상이 어떤 얼굴을 하고 있는지 기록할 수 있도록 기회를 주신 후마니타스 출판사와 이진실 편집자에게 감사를 전한다. 특히 이진실 편집자는 부족한 저자들이 놓치고 있던 것들을 계속 질문해 주며 독자의 시선에서 책이 쓰일 수 있도록 이끌어 주었다.

이 책을 함께 쓴 허환주 기자에게도 감사를 전한다. 날카로운 기자는 많지만 따뜻한 기자는 많지 않다. 오랜 기자 생활에도 세상과 사람에 대한 따뜻한 관심을 잃지 않고 있는 그에게 많이 배웠다. 마지막으로 늘 편안한 쉼터가 되어 주시는 부모님께 감사의 마음을 전한다.

허환주

책을 준비하는 사이 배달앱을 비롯해 플랫폼 노동자의 이야기를 다룬 책이 하나둘 출간됐다. 어떤 책에는 수년간 직접 체험한 이야기가 담겨 있었고, 또 어떤 책에는 다양한 플랫폼 노동자의 인생사가 녹아 있었다. 진작 쏟아졌어야 할 진지한 관심이 반가우면서도 조바심이 났다. 혹시 우리가 늦은 건 아닐까.

한편으론 딜레마에 빠졌다. 시대를 대표하는 플랫폼 기업의 리더들은 한눈에 보기에도 기존의 벤처 세대와 달리 '힙'했다. 을지로 공업소 거리 장인들의 삶을 담은 사진전을 선보이는가 하면, 자신들이 운영하는 유튜브 채널에선 인디밴드들의 라이브 공연이 펼쳐졌다. 또 배달 음식을 포장하는 플라스틱 용기들로 인한 환경 문제를 의식해서인지, 재활용 페트병으로 텀블러백을 만들거나 보냉팩의 은박 코팅을 제거한 포장재를 만들어 팔았다. 그들은 이윤만이 아니라 사회적 가치를 추구하는 것처럼 보였다.

017로 시작되는 2G 폰을 쓰던 나는 2021년 6월 30일부로 서비스 공급이 중단되면서 스마트폰에 입문했다. 휴대전화를 사용한 지

22년 만이었다. 물론 그 뒤로 내 일상은 완전히 달라졌다. 각종 길 찾기 앱에서부터 맛집 찾기 앱, 소셜 미디어와 메신저 앱, 택시나 음식 배달 앱 등 갖가지 앱을 열어 터치만 몇 번 하면 모든 게 해결되는 세상이었다. 더는 거리에서 택시를 기다릴 필요도 없었고, 늦은 밤이건 이른 아침이건 언제든 먹고 싶은 음식을 시켜 먹을 수 있었다. 소비자 입장에서는 이런 편리야말로 '혁신'이었다.

그러나 이 책에서 살펴봤다시피, 플랫폼 기업이 혁신한 건, 비단 소비자의 편리뿐만이 아니다. 치타 배송, 새벽 배송, 단건 배송 등 배송 속도, 즉 노동 효율성을 높이기 위한 경쟁은 지금도 치열하게 전개되고 있다. 이들이 도입한 인공지능 기술이 실은 인정사정없이 배송 기사들을 몰아치는 기술이라는 점을 이제는 모두가 다 안다. 모든 혁신을 떠받치고 있는 근간은 이런 노동 생산성 향상 기법의 혁신이다. 쉽게 말하면, "어떻게 더 살뜰히 시켜 먹느냐"의 혁신인 것이다.

정부는 이런 플랫폼 기업들을 '혁신 기업'이라 칭송하고 '4차 산업혁명'의 주역이라 말한다. 또 사회적으로도 그 기업의 CEO들은 스타트업 성공 신화의 주역으로 존경받고 여기저기 강의를 다닌다. 플랫폼 기업들은 화려한 마케팅과 디자인으로 진짜 혁신한 것이 무엇인지 가리고 포장한다. 어쩌면 그런 뛰어난 포장술이 가장 혁신적인 것일지도 모른다. 노회한 내가 시대의 흐름을 쫓아가지 못하는 걸까.

비슷한 시기에 나는 〈사당동 더하기 22〉(2010)와 『사당동 더하기 25』(2012)에 이어 다큐멘터리 〈사당동 더하기 33〉(2020)을 내놓은 사회학자 조은 교수의 인터뷰를 접했다. 그는 1986년, 연구자로서

철거를 앞둔 서울 상도동에 들어가 금선 할머니네 집안 3대에 걸친 빈곤의 재생산을 기록하기 시작해 무려 33년에 걸쳐 영화 두 편과 책 한 권을 남겼다. 나는 쉽사리 가난에서 탈출하기 어려웠던 이 집안의 3대 중 덕주 씨가 한 말이 가슴에 남았다. 그는 최근 배달일을 시작했는데 "몸을 부지런히 움직이기만 하면 돈을 벌 수 있어" 생애 최초로 적금을 들었다고 했다. 하는 일마다 좌절의 연속이었던 영화 속 그를 생각하면 절로 설레는 일이었다.

배민·쿠팡·요기요 등은 일터의 진입 장벽을 낮췄다. 금선이 할머니의 손주 덕주 씨와 같은 이들에게도 플랫폼은 "혁신"이었다. "몸을 부지런히 움직이기만 하면" 고정된 수입을 가져갈 수 있다는 점에서 그것은 혁신이었다. 인터뷰에서 조은 교수는 "가난은 상상의 영역이 아니"라고 말했다. 나는 그 말에서 가까스로 균형점을 찾을 수 있었다. 지금 이 시대 누구나 접근할 수 있는 플랫폼 역시 상상의 영역이 아니다. 그것은 우리가 당장 몇 초 만에 불러들일 수 있는 현실이다. 그렇다고 몇 시간의 경험으로 헤아리거나 간파할 수 있는 성질의 것도 아니다. 이제 알고리즘은 개발자도 어떻게 흘러갈지 예측하기 힘든 무엇이 되어 가고 있다. 어느 한쪽으로 판단하기보다 기술이 가져온 편리와 그 뒤에 숨겨진 이면을 동시에 보려고 했다. 책에 나오는 것처럼 그 현실은 신기루이자 동시에 벼랑 끝이었다. 바람은 소박하다. 어느 날 "주문" 버튼을 누르다 문득 이 책의 민준이와 또 다른 누군가를 떠올릴 수 있으면 좋겠다.

끝으로 책 작업을 함께한 강 기자에게 감사의 말을 전한다. 매너리즘에 빠진 나보다 늘 한발 먼저 취재 현장을 붙잡았고, 팩트 뒤에 숨겨진 진실을 찾으려 노력했다. 그가 아니었다면 이 책은 나오기 어려웠다. 마지막으로 늘 영감을 주는 아내 임지영에게 고마운 마음을 전한다.